AF524803

A. J. Jacobs

Tausend Dank

A. J. JACOBS

TAUSEND DANK

Aus dem Englischen übersetzt
von Maike und Stephan Schuhmacher

EDITION SPUREN

Die englische Erstausgabe dieses Werks erschien unter dem Titel *Thanks a Thousand*
2018 im Verlag TED Books, Simon & Schuster, New York

Bahnhofplatz 14, CH-8400 Winterthur
edition@spuren.ch   www.spuren.ch

Übersetzung: Maike und Stephan Schuhmacher
Lektorat und Buchgestaltung: Martin Frischknecht
Printed in Germany
Druck und Bindung: CPI, Ulm
ISBN 978-3-905752-81-6

Meiner Familie
Und allen anderen

INHALT

EINLEITUNG

Es ist Dienstagmorgen und ich befinde mich in Gegenwart einer der umwerfendsten Errungenschaften der Menschheitsgeschichte. Diese Sache ist in ihrer Komplexität so erstaunlich, dass sie den Panamakanal wie die Bastelarbeit eines Drittklässlers erscheinen lässt.

Dieses Wunder, das ich vor mir sehe, ist das Ergebnis der Zusammenarbeit von Tausenden von Menschen in Dutzenden von Ländern.

Es erforderte die vereinte Arbeit von Künstlern, Chemikern, Politikern, Mechanikern, Biologen, Bergmännern, Verpackern, Schmugglern und Ziegenhirten. Es erforderte Flugzeuge, Schiffe, Lastkraftwagen, Motorräder, Kleintransporter, Paletten und Schultern. Es benötigte Hunderte von Materialien: Stahl, Holz, Stickstoff, Gummi, Silikon, ultraviolettes Licht, Sprengstoff und Fledermauskot. Es hat große Freude verursacht, aber auch große Armut und Unterdrückung. Es war angewiesen auf alte Weisheit und Technologie des Weltraumzeitalters, auf Temperaturen unter null und Gluthitze, auf hohe Berge und tiefe Wasser.

Es ist mein Morgenkaffee.

Und dafür bin ich dankbar. Wirklich ausgesprochen dankbar.

Das war nicht immer so. Ich neige dazu, die Dinge für selbstverständlich zu halten. Die meiste Zeit meines Lebens ist es mir kaum je in den Sinn gekommen, mir über meinen Kaffee Gedanken zu machen, außer wenn er über mein Jackett verschüttet wurde oder mir den Gaumen verbrühte. Aber die letzten Monate haben mich gezwungen, dies zu verändern. Einige Monate dieses Jahres zuvor unternahm ich in einem Versuch, meine standardisierte Geisteshaltung – eine verallgemeinerte Gereiztheit und Ungeduld – zu bekämpfen. Das schien eine denkbar einfache Reise zu sein.

Ich gelobte, jeder einzelnen Person zu danken, die meine Tasse Kaffee ermöglicht hatte. Ich entschied mich, dem Barista zu danken, dem Bauern, der die Kaffeebohnen anbaute, und all jenen, die dazwischen eine Rolle gespielt haben.

Dies lief auf verdammt viele Dankeschöns hinaus. Meine Reise zur Dankbarkeit hat mich Zeitzonen durchqueren und die soziale Leiter hinauf- und hinuntersteigen lassen. Sie hat mich alles erneut überdenken lassen, von der Globalisierung bis hin zu Bibern, von Umarmungen bis hin zu Brunnen, von Glühbirnen bis hin zum alten Rom. Sie wirkte sich auf meine politischen Ansichten, meine Weltanschauung und meinen Gaumen aus. Sie hat mich Entzücken, Wunder, Schuld, Depression und natürlich eine ganze Menge an Koffein-Tatteriche empfinden lassen.

Wie hat diese Reise begonnen? Nun, seit mehreren Jahren empfinde ich bereits eine hohe Wertschätzung für Dankbarkeit. Denn das ist kein Gefühl, das mich auf natürliche Weise überkommt. Ich bin eher gemäßigt mürrisch veranlagt, eher ein Miesepeter als eine Frohnatur. Doch ich habe genug über Dankbarkeit gelesen, um zu wissen, dass sie einer der Schlüssel zu einem erfüllten Leben ist. Vielleicht ist sie sogar, wie Cicero sagt, die höchste Tugend.

Der Forschung zufolge sind die psychologischen Vorteile von Dankbarkeit Legion: Sie kann Depression lindern, helfen, besser zu schlafen oder eine Diät einzuhalten, und sie erhöht die Wahrscheinlichkeit, sich fit zu halten. Herzpatienten erholen sich schneller, wenn sie ein Dankbarkeitstagebuch führen. Eine kürzlich durchgeführte Studie zeigt, dass Dankbarkeit zu mehr Großzügigkeit und zu Offenheit gegenüber Fremden führt.

Eine andere Studie, die in der Zeitschrift *Scientific American* zusammengefasst wurde, stellt fest, dass Dankbarkeit das beste Anzeichen für Wohlbefinden und gute Beziehungen ist und dabei vierundzwanzig andere eindrucksvolle Merkmale wie Hoffnung, Liebe und Kreativität aussticht. Wie der Benediktinermönch David Steindl-Rast sagt, führt Glücklichsein nicht zu Dankbarkeit, vielmehr macht Dankbarkeit glücklich.

Insofern wusste ich intellektuell seit Langem, dass Dankbarkeit von unschätzbarem Wert ist. Und seit einiger Zeit unternehme ich bescheidene Bemühungen, meine Dankbarkeit wann immer möglich anzukurbeln – und diesen Wert meinen Kindern einzuimpfen.

Meine drei Jungs müssen altmodische Dankesbriefe schreiben, wenn sie Geburtstagsgeschenke erhalten, auch wenn es ihnen gegen den Strich geht.

Wenn ich mit meinen Söhnen Besorgungen mache, stupse ich sie an, dem Busfahrer zu danken.

Ich fordere sie sogar auf, dem Roboter in unserer Familie, Alexa, zu danken, wenn sie uns über das Wetter informiert. «Alexa hat keine Gefühle», pflegt mein Sohn Jasper zu sagen. «Ja, aber es ist eine gute Übung», antworte ich.

Und manchmal spreche ich vor der Mahlzeit ein Tischgebet. Jedenfalls so etwas Ähnliches. Wir sind keine besonders religiöse Familie. Ich bin Agnostiker, fast schon ein Atheist, und so beginne ich gelegentlich eine Mahlzeit, indem ich anstatt Gott einer Handvoll von Menschen danke, die dazu beigetragen haben, dieses Mahl auf unsere Teller zu bringen. Ich sage: «Danke an den Bauern, der diese Möhren angebaut hat, Danke an den Lkw-Fahrer, der sie transportiert hat, und Danke an den Kassierer des Lebensmittelladens, der sie eingetippt hat.» «Dir ist doch wohl klar, dass diese Leute dich nicht hören können, oder?», fragte mich eines Abends mein Sohn Zane.

Ich sagte ihm, dass ich das wüsste, es aber dennoch gut sei, sich die Beiträge der anderen ins Gedächtnis zu rufen.

Aber Zanes Bemerkung ließ mich nicht los. Er hat recht. Jene Leute können mich nicht hören. Meine Danksagungen vor der Mahlzeit sind gewissermaßen oberflächlich.

Als ich in den nächsten Tagen darüber nachdachte, fragte ich mich, ob ich mich der Dankbarkeit stärker verpflichten sollte. Wie wäre es, jedem persönlich zu danken, der dazu beigetragen hat, dass mein Essen auf den Tisch kommt? Jedem Einzelnen?

Ich wusste, dass diese Idee auf einer Ebene absurd war. Sie würde mir große Kopfschmerzen bereiten. Es würde viel Zeit kosten und viele Reisen nötig machen.

Aber es könnte auch sehr segensreich sein. Auch für die Menschen, die meine Mahlzeiten möglich machen, könnte es eine schöne Sache sein.

Es würde meinen Söhnen zeigen, wie ernst es mir mit der Dankbarkeit ist und dass auch sie dankbar sein sollten.

Und es könnte mich dankbarer machen, was wiederum dafür sorgen würde, dass ich weniger kleinlich und gereizt wäre. Ich musste in meinem

Leben einfach weniger gereizt werden. Obwohl ich weiß, dass ich unglaubliches Glück habe – es mangelt mir nicht an Nahrung und ich habe eine Arbeit, die mir meistens Freude macht –, lasse ich die alltäglichen Widrigkeiten mein Gehirn in Beschlag nehmen. Ich trete auf das wie ein Dinosaurier geformte Spielzeug unseres Hundes, oder ich öffne eine E-Mail, die mit den Worten beginnt «Liebster A. J., ich bedaure, dich informieren zu müssen …», und schon vergesse ich die Hunderte von Dingen, die jeden Tag gut laufen, und sehe nur auf die drei oder vier, die schieflaufen. Ich schätze, dass ich in meinem üblichen Geisteszustand mehr als fünfzig Prozent meiner wachen Stunden leicht bis schwer angefressen bin. Das ist eine lächerliche Weise, durch das Leben zu gehen. Ich will nicht in den Himmel kommen – sofern es so etwas gibt – und dort meine Zeit verplempern, mich über die Lautstärke der Harfenmusik zu beschweren.

Damit bin ich von der Norm nicht allzu weit entfernt. Wenn man Evolutionspsychologen glauben darf, sind alle Menschen genetisch darauf programmiert, vor allem auf das zu achten, was schiefläuft. In der Altsteinzeit war das eine Frage des Überlebens. Unsere eintausendsten Urgroßeltern mussten verdammt gut darauf achten, sich zu erinnern, welcher der Pilze giftig war.

Doch das Ergebnis dieser negativen Ausrichtung ist, dass wir heutzutage von Angst überflutet werden. Oftmals sehen wir das Leben als ein Problem nach dem anderen, eine Krise nach der anderen. Viele von uns leben in dem, was die Psychologen die «defizitäre» Geisteshaltung nennen und nicht in einer Geisteshaltung von Überfluss. Wir verbringen definitiv zu viel Zeit damit, darüber zu meckern, was uns fehlt, anstatt uns auf das zu besinnen, was wir haben.

Ich benötigte eine gründliche mentale Veränderung, und ein Dankbarkeitsprojekt war möglicherweise der Schlüssel zum Erfolg. Mein Ziel für dieses Projekt war, das Verhältnis umzukehren. Am Ende wollte ich während mehr als der Hälfte meines durchschnittlichen Tages Dankbarkeit erfahren sowie nachsichtig und glücklich sein. Oder zumindest nicht unverhohlen gereizt.

Meine erste Aufgabe: Ich musste auswählen, für welches Nahrungsmittel ich dankbar sein wollte. Ich dachte an Äpfel, Weißwein und Monterey-Jack-Käse. Meine Söhne setzten sich für eine Sorte von Schokokeksen ein, denn sie rechneten damit, dies würde zu einem gesteigerten Konsum in unserem Haushalt führen.

Ich habe auch über Non-Food-Artikel nachgedacht: meinen Stift, meine Socken, meine Zahnpasta. Beinahe jedes Objekt, dem ich am Tag begegne, erfordert Tausende von Menschen und Massen an Anstrengungen – Anstrengungen, die ich für völlig selbstverständlich hielt.

Schließlich entschied ich mich für etwas, ohne das ich nicht leben könnte. Meinen Kaffee. Er schien aus verschiedenen Gründen das Richtige zu sein. Zunächst liebe ich meinen Morgenkaffee aus dem örtlichen Coffee-Shop. Ich nehme ihn im Pappbecher, ohne Milch. Ich bin kein Fanatiker, und mein Gaumen ist nicht kultiviert, aber ich genieße den bitteren Geschmack des Kaffees und den angenehmen Kick, den er mir gibt – Kaffee ist zweifellos meine Lieblingsdroge.

Zum anderen hat Kaffee große Auswirkung auf die Welt. Mehr als zwei Milliarden Tassen Kaffees werden jeden Tag in der ganzen Welt getrunken. Die Kaffeeindustrie beschäftigt weltweit 125 Millionen Menschen. Kaffee ist mit Politik, Wirtschaft und Geschichte verknüpft. Die Aufklärung wurde in Europas Kaffeehäusern geboren. Jahrhundertelang hat Kaffee dazu beigetragen, internationalen Handel aufzubauen und unsere moderne Gesellschaft zu gestalten.

So habe ich mich auf den «Großen Kaffee-Dankbarkeitsweg» begeben, mit der Absicht, all seinen Windungen und Wendungen zu folgen. Was nun kommt, ist die Geschichte meines Versuchs. Ach, und eh ich es vergesse: Danke, dass Sie diese Einleitung gelesen haben.

DIE BARISTA UND DER VERKOSTER

Danke für das Servieren meines Kaffees

Ich habe beschlossen, dieses Projekt von hinten aufzuzäumen, indem ich bei meinem örtlichen Café beginne und mich dann zurück bis zur Geburt des Kaffees begebe. Mein Coffee-Shop ist einen Block zu Fuß von meiner Wohnung entfernt. Er heißt Joe Coffee und überlebt seit zwölf Jahren, obwohl es innerhalb eines Radius von drei Häuserblöcken zwei Starbucks gibt.

An einem Donnerstagmorgen reihe ich mich in die Warteschlange ein, während ich mich darauf vorbereite, das erste «Danke» meines Projekts Dankbarkeit zu sagen. Beim Warten zwinge ich mich, mir das Smartphone in die Tasche zu stecken und meine Umgebung wirklich wahrzunehmen. Der Akt des Wahrnehmens ist schließlich ein wesentlicher Aspekt der Dankbarkeit, Wir können nicht dankbar sein, wenn unsere Aufmerksamkeit zerstreut ist.

An der Wand hängt das Foto eines pinkfarbenen Cadillacs, der aus irgendeinem Grund auf die Spitze eines Turms gesetzt wurde. Mütter schieben Kinderwagen, draußen sind Hunde angebunden und die Espressomaschine zischt andauernd. Doughnut-förmige indigofarbene Lampen hängen von der Decke. Dieses blaue Licht ist beruhigend, denke ich so bei mir. Man sieht nicht genügend blaue Lampen.

Ich bin an der Reihe, an die Theke zu treten, und werde von meiner Barista begrüßt, einer Frau in den zwanziger Jahren, das Haar nach hinten zu einem Pferdeschwanz zusammengebunden. Sie reicht mir meine Bestellung – einen kleinen schwarzen Kaffee, die übliche Mischung. «Danke für meinen Kaffee», sage ich. «Mit Vergnügen!», sagt sie lächelnd.

Und da haben wir es. Mein erstes Dankeschön. Es ist gut, aber noch nicht überwältigend.

Ich schiebe meine Kreditkarte ein, um die drei Dollar zu bezahlen. Drei Dollar sind natürlich wahnsinnig teuer. Aber auf seltsame Weise ist dieser Kaffee, wie ich lernen werde, auch zutiefst unterbewertet.

Ich halte meinen Becher Kaffee und stehe da, während ich überlege, was ich der Barista, wenn überhaupt, über meine Forschungsreise erzählen könnte. Ich halte fünf Sekunden zu lange inne, irgendwo an der Grenze zwischen unbeholfen und unheimlich. Ich werfe einen Blick auf die Schlange von Kunden hinter mir und schleiche mich davon.

Einige Tage später bringe ich den Mut auf, der Barista von meinem Dankbarkeitsprojekt zu erzählen. Ich frage sie, ob sie gewillt wäre, mir ein wenig von dem zu berichten, was zur Bereitung meines Kaffees nötig sei. Sie antwortet, sie werde gern nach ihrer Schicht mit mir sprechen. «Nochmals Danke für den Kaffee», sage ich, als wir uns später an einen der kleinen Tische im Joe's setzen. «Danke dafür, dass Sie mir danken», sagt sie.

Ich überlege kurz, ob ich ihr dafür danken soll, dass sie mir dafür dankt, dass ich ihr danke, aber ich lasse es bleiben, damit wir nicht in einer Endlosschleife landen.

Sie lässt mich wissen, ihr Name sei Chung. Ihre Eltern sind koreanische Einwanderer und sie sei in Südkalifornien aufgewachsen, bevor sie aufs College nach New York ging. «Nun …», sage ich. «Ahem …, wie ist es, eine Barista zu sein?» «Es ist nicht immer einfach», sagt sie. «Das liegt daran, dass man es mit Menschen in einem ziemlich gefährlichen Zustand zu tun hat: bevor sie ihr Koffein bekommen haben.» «Verhalten sich manche Leute zickig bei Ihnen?», frage ich. «O ja, die können manchmal ziemlich mürrisch sein.»

Chung erzählt mir von Kunden, die sogar einem Augenkontakt ausweichen. Sie bellen lediglich ihre Bestellung und schieben ihre Kreditkarte hin, ohne auch nur einmal von ihrem Smartphone aufzublicken.

Sie hatte mit Kunden zu tun, die sie beschimpften, bis sie in Tränen ausbrach, weil sie angeblich

Bestellungen durcheinandergebracht hätte, was sie schwört, nicht getan zu haben. Sie wurde von einer ätzenden neunjährigen Göre angefaucht, der das Milchschaum-Bild, das Chung auf ihrer heißen Schokolade gestaltet hatte, nicht gefiel. Chung hatte einen Teddybären gemalt. Sie wollte ein Herz. «Ich wollte ihr sagen, dass sie wirklich ein Herz bräuchte – ein echtes.»

Aber dennoch, sagt Chung, seien die unleidlichen Kunden eine Minderheit. Die meisten Leute sind freundlich, insbesondere dann, wenn Chung die Stimmung beeinflusst, indem sie zuerst freundlich ist. Und, Leute – Chung ist so was von freundlich.

Sie ist ein Mensch, der lächelt und umarmt. Sie ist wie jemand, der die Morgensendung moderiert, aber ungezwungen und natürlich. Um Ihnen eine Vorstellung davon zu geben: Während der halben Stunde unserer Unterhaltung stand Chung nicht weniger als fünf Mal auf, um langjährige Kunden oder frühere Mitarbeiter mit einer Umarmung zu begrüßen. «Als ich als Platzanweiserin für Zeremonien in unserer Kirche arbeitete, wurde mir zum ersten Mal klar, dass ich vielleicht im Kundenservice ganz gut wäre», sagt sie. «Ich erkannte, dass diese Tätigkeit einer gewissen Persönlichkeit bedarf.»

Und wie in der Kirche, beobachtet sie manchmal im Coffee-Shop, wie Menschen sich verändern, wie ihre Gesichter aufleuchten, wenn sie ihren Becher bekommen. «Der Job besteht für mich nicht nur darin, den Leuten den Kaffee zu überreichen, sondern auch, sie glücklich zu machen.»

Ich frage sie, ob sie die Absicht habe, langfristig Barista zu bleiben.

Sie schüttelt den Kopf. «Dies ist im Grunde meine letzte Woche.»

Sie wird wieder nach Kalifornien zurückkehren, damit sie sich um ihre Eltern kümmern kann. Außerdem hat sie heutzutage Mühe, sich die ganze Schicht lang auf den Beinen zu halten. «Lassen Sie mich erklären, weshalb», sagt Chung.

Sie holt ihr Smartphone hervor und wischt zu einem Foto. Es ist ein bestürzendes Bild ihres linken Fußes, der blutunterlaufen und zerschmettert mit mehr als einem Dutzend Metallklammern bestückt ist.«Vor eineinhalb Jahren wurde ich von einem Bus erfasst», sagt sie. «Jede Zehe, die Ferse, der Knöchel, alles war gebrochen. Die Haut war abgeschürft.»«O mein Gott.»«Ja, das war nicht schön.»

Ich sage ihr, dass wir sie hier im Coffee-Shop vermissen werden. Und ich meine das wirklich.

Chung meint, es werde ihr schwerfallen, die Stammkunden zu verlassen. Sie erzählt von Nancy und John, die jeden Morgen bereits dastehen, wenn die Glastür geöffnet wird. «Ich frage immer ‹Wie läuft's heute denn so?›, und John antwortet stets ‹Jetzt läuft alles prima›.» Und sie wird ihre Kollegen vermissen, die sagen, sie würden sie immer wieder einstellen.

Das gelegentliche Gefühl, für bestimmte Kunden überhaupt nicht zu existieren, wird sie nicht vermissen. «Was mich aufregt, ist, wenn die Leuten einen wie eine Maschine behandeln und nicht wie einen Menschen», sagt Chung. «Wenn sie einen nur als Mittel zum Zweck betrachten – oder uns überhaupt nicht ansehen.»

Ich danke Chung, und sie umarmt mich, und das ist meiner Schätzung nach ihre elfte Umarmung dieses Tages.

Auf meinem Heimweg lege ich ein Gelöbnis ab. Obwohl ich wahrscheinlich keine weitere Barista umarmen werde, verspreche ich, ihnen in die Augen zu sehen – denn ich weiß, ich war so ein Arschloch, das seine Kreditkarte hinübergeschoben hat, ohne aufzublicken.

Ich bin mir nicht sicher, ob ich das jemals bei Chung getan habe, aber ich weiß, ich habe viele andere – Kellner, Boten, Kassierer von Bodegas – behandelt wie Automaten. Manchmal trage ich diese gegen Geräusche abschirmenden Kopfhörer, wenn ich Besorgungen erledige, was mich noch reservierter und unfreundlicher aussehen lässt.

Und Dinge wie die Kopfhörer sind Feinde der Dankbarkeit. Robert Emmons, ein Professor für Psychologie an der Universität von Davis in

Kalifornien, der als der Vater der Dankbarkeitsforschung angesehen wird, formuliert es folgendermaßen: «Dankbares Leben ist nur dann möglich, wenn wir begreifen, dass andere Menschen und Mittel Dinge für uns tun, die wir nicht für uns selbst tun können. Dankbarkeit entsteht aus zwei Stufen der Informationsverarbeitung: aus Bestätigung und Anerkennung. Wir bestätigen das Gute und erkennen an, dass andere es herbeiführen. In Dankbarkeit erkennen wir, dass die Quelle der Güte außerhalb von uns selbst liegt.»

Wenn ich mit anderen interagiere, dann werde ich von nun an versuchen, sie zu bestätigen und anzuerkennen. Und dabei will ich versuchen nicht zu vergessen, sie als Menschen zu behandeln – zumindest so lange, bis Roboter alle Dienstleistungen übernommen haben. Ich werde versuchen daran zu denken, dass sie Familie und Lieblingsfilme haben sowie peinliche Erinnerungen an ihre Teenagerzeit, und möglicherweise haben sie schmerzende Füße.

☕ ☕ ☕

Chung servierte mir meinen Kaffee – aber wer wählte die Kaffeesorte aus, die ich trank? Wer suchte meine tägliche Mischung aus den Tausenden von Sorten auf dem ganzen Globus aus? Die Antwort hierauf bringt mich einen Schritt zurück in der Kette zu einem Mann namens Ed Kaufmann, den Einkaufsleiter bei der Joe Coffee Company, die heute gut zwanzig Läden in New York City führt.

Ed erklärt sich einverstanden, sich im Hauptsitz der Firma in Chelsea mit mir zu treffen. Er bittet mich in ein Hinterzimmer zu einem runden Tisch. «Danke für meinen heutigen Morgenkaffee», sage ich und achte darauf, ihm dabei in die Augen zu sehen. Ich erzähle ihm, ich hätte vorher bei einem Joe Coffee in der Nähe meiner Wohnung einen gekauft und auf dem Weg hierher getrunken. «Hat er Ihnen geschmeckt?» «Ja.» «Was daran hat Ihnen gefallen?» «Also, er hat mich wach gemacht. Und er hat gut geschmeckt. Bitter, schätze ich? Ich haben keinen sehr ausgeprägten Geschmackssinn.» «Wir werden daran arbeiten», sagt er.

Ed sieht ein wenig wie ein junger Elvis Costello aus, so mit Brille und allem.

Er ist in Montana aufgewachsen, wo seine Eltern in einem Skiort ein Restaurant führten. Dort war es auch, wo Ed begann, sich für Kaffee zu begeistern. «Als Teenager putschte ich mich zusammen mit meinen Freuden mit Koffein auf, und dann gingen wir Snowboard fahren.»

Hier in New York kann er nicht Snowboard fahren, aber Ed erzählt mir, dass er immer noch die belebende Kälte mag.

Er ist ein Fan von Eisbädern, die ihm, wie er sagt, Energie geben. Und jeden Morgen, selbst an eiskalten Januartagen, rüttelt er sich wach, indem er ohne Hemd zur Arbeit radelt. «Jetzt trage ich allerdings ein T-Shirt», sagt Ed. «Man hat mich zu sehr angestarrt, wenn ich mit nacktem Oberkörper gefahren bin.»

Doch Eds wahre Liebe gilt dem Kaffee. Er ist davon völlig hingerissen. Einen Beweis? Er verbrachte seine Hochzeitsreise damit, einen fünftägigen Kurs für Kaffeeverkoster in Massachusetts zu belegen. An seinen freien Tagen zieht er von Café zu Café und «betrinkt sich mit Espresso». Er spricht auf eine Weise von besonderen Tassen Kaffee, wie manche von ihren seit Langem verflossenen Freundinnen sprechen. «Das war eine vielversprechende Tasse Kaffee», sagt er von einem Kaffee, den er in Ecuador getrunken hatte. Er beschreibt Kaffee mit ausgeklügelten Metaphern, wie eine Art närrischer Sommelier. «Da gab es diesen einen Kaffee – ich nenne ihn nach der gleichnamigen Süßwaren-Kette ‹Wonka-Kaffee›, weil es wie bei einem vielschichtigen Dauerlutscher einen Geschmack nach dem anderen, eine Art Geschmacksexplosion gab.»

Wir sind eben erst einige Minuten zusammen, und bereits bin ich dankbar, dass Ed eine solche Leidenschaft für diese braune Flüssigkeit hat. Vielleicht kann ich die Feinheiten im einzelnen nicht ganz nachvollziehen, aber in gewisser Hinsicht weiß ich, dass Eds Weisheit die besten Bohnen, die mir zugutekommen, auswählt. Der einfache Umstand, dass Ed so gründlich über meinen Kaffee nachdenkt, ist einer der Gründe dafür, dass ich überhaupt nicht darüber nachzudenken brauche. Und es ist ein Hauptgrund dafür, dass Dankbarkeit so schwer aufrechtzuerhalten ist und weshalb sie solcher Anstrengung und Ausrichtung bedarf: Wenn etwas für uns gut gemacht wird, ist der dahinter stehende Prozess kaum mehr sichtbar.

Auf dem Tisch stehen sieben braune Papiertüten, jede mit einer Nummer etikettiert. Ed will nicht wissen, woher der jeweilige Kaffee stammt, bevor er ihn gekostet hat. Er möchte unbeeinflusst bleiben. Die Kaffees kommen aus der ganzen Welt: Kolumbien, Ghana, Dominikanische Republik, Papua-Neuguinea. «Okay», sagt er. «Ich zeige Ihnen nun, wie das geht.»

Ed taucht den Löffel in eine der vielen mit zubereitetem Kaffee gefüllten weißen Tassen auf dem Tisch und schlürft dann die Flüssigkeit daraus. Es ist ein grotesk lautes Schlürfen, wie das eines unbedarften Tölpels, der in einem schicken französischen Restaurant Suppe schlabbert. «Sie müssen den Kaffee mit Sauerstoff durchsetzen, sodass er sich im ganzen Mund verteilt», erklärt er. «Es gibt da überall Geschmacksknospen – in Ihren Wangen und sogar in Ihrem Gaumen.»

Ich versuche selbst, einen Löffel voll zu schlürfen, aber mein Schlürfen ist nicht annähernd so laut – es gleicht eher dem Ton einer Piccolo-Flöte gegenüber dem seiner Tuba.

Ed lässt den Kaffee in seinem Mund kreisen und spuckt ihn dann in einen schwarzen Kautabak-Spucknapf. «Was haben Sie gedacht?», fragt er mich. «Ziemlich gut. Vielleicht etwas zu viel Säure?», sage ich – und rate.

Ed nickt mit dem Kopf. «Ich habe etwas Zitrusfrucht, aber auch Noten von Honig geschmeckt.» Er führt ein Moleskine-Notizbuch bei sich und kritzelt einige Worte hinein.

Wenn Ed einer dieser Kaffees, die wir kosten, gefällt, könnte er ihm einen ziemlich begehrten Platz auf der Karte der Joe-Coffee-Kette verschaffen. Es ist eine kleine, aber wachsende Kette mit einer Hipster-Atmosphäre; sie hat viele bärtige Baristas und strahlt ein gewisses soziales Bewusstsein aus. Die Kette zahlt ihren Bauern mehr als Fair-Trade-Preise. Sie gibt sich transparent, und oft kann man auf der Theke ein Schild sehen, das der Farm des Tages gewidmet ist.

Ich frage Ed, ob ich die Begriffe sehen kann, die er aufgeschrieben hat, und er zeigt mir einige. Sie sind auf entzückende und witzige Weise genau: Graham-Cracker, Mandarinen-Orange, umgekehrte Ananas-Torte.

Ed wird einem Kaffee zum Beispiel eine Note von Apfel zuschreiben. Aber nicht einfach nur Apfel. Er wird sagen: «Dieser erinnert mich an einen Pink-Lady-Apfel oder vielleicht einen Gala.» «Ich habe eine Schwäche für gebackenen Pfirsich und Ahornsirup», gesteht er mir. «Wenn ich dies in meinen Geschmacksnoten finde, weiß ich, dass ich einen Volltreffer habe.» Verkoster wie Ed suchen nach verschiedenen Variablen: Gefühl im Mund, Gleichgewicht zwischen Säure und Fruchtigkeit, Abgang. «Man wird außerdem einen Kaffee vermeiden, der allzu sehr nach Pflanzen oder Leder schmeckt», erzählt mir Ed. «Sie mögen kein Leder?» «Nur an den Wochenenden», sagt er und lacht dabei laut auf. «Nur Spaß.»

Wie viele Kaffeebesessene, meint Ed, Starbucks überröste seinen Kaffee. Er sei zu bitter. Man könne die Fruchtigkeit nicht mehr schmecken. «Nur im Notfall gehe ich zu Starbucks», sagt er.

Ed weiß, dass nicht jeder etwas für die Subtilitäten von Kaffeegeschmack übrig hat. Er begann als Barista in einem Coffee-Shop, der sogar noch erlesener ist als Joe Coffee. «Die Leute kamen herein und sagten ‹Ich möchte einen Kaffee›. Und ich sagte ‹Okay, was für einen hätten Sie denn gern? Welche Geschmacksrichtung interessiert Sie?› Und die Kunden sagten ‹Ist mir egal, ich will nur meinen verdammten Kaffee haben›.»

Ich verstehe diese Einstellung. Manchmal

will man einfach nur seinen verdammten Kaffee haben. Aber ich gebe ein Versprechen: Ich werde versuchen, die Geschmäcker mehr zu würdigen. Das erscheint mir nur recht und billig. Bedenken Sie all die Tausende von Stunden an Aufmerksamkeit, die Ed und andere in der Welt jeder Tasse Kaffee gewidmet haben – und doch stürze ich meinen Kaffee jeden Morgen hinunter wie ein Hund, der aus seinem Napf schlabbert.

Das erinnert mich an ein Gespräch, welches ich zu Anfang meines Dankbarkeitsprojekts hatte. Ich hatte den Autor und Forscher Scott Barry Kaufman (nicht mit Ed verwandt) angerufen, der an der Universität von Pennsylvania eine populärwissenschaftliche Vorlesungsreihe über Positive Psychologie und Dankbarkeit hielt. Ich wollte etwas mehr Hintergrund über die Wissenschaft der Dankbarkeit haben. «Dankbarkeit hat eine Menge damit zu tun, einen Moment so intensiv wie möglich zu erfahren», sagte mir Scott. «Sie ist eng mit Achtsamkeit und Genießen verbunden. Dankbarkeit kann unsere Wahrnehmung von Zeit verändern und diese langsamer vergehen lassen. Sie kann dafür sorgen, dass die Widrigkeiten des Lebens sich auflösen – zumindest für einen Augenblick.»

Der Punkt dabei ist, dass es schwer ist, dankbar zu sein, wenn wir durch das Leben düsen, uns stets darauf konzentrieren, was als Nächstes kommt, so wie ich es tue. Wir müssen uns dessen, was wir im Augenblick unmittelbar vor uns haben, bewusst sein. Wir müssen innehalten und an den Rosen riechen, zusammen mit den Graham- Crackern, der Erde und dem Leder.

Während ich also den Kaffee mit Ed schlürfe, praktiziere ich das, was Psychologen Genussmeditation nennen. Ich lasse den Kaffee zwanzig Sekunden lang auf meiner Zunge, was nicht nach einer langen Zeit klingt, aber ich möchte Ed nicht warten lassen. Und zwanzig Sekunden können es in sich haben, wenn Sie wirklich jede Sekunde auskosten. Qualität über Quantität, nicht wahr?

Ich konzentriere mich auf die Viskosität der Flüssigkeit, auf die Säure, die Bitterkeit … War das Aprikose? Ich konnte die verschiedenen Geschmacksrichtungen noch immer nicht unterscheiden, aber ich erkannte einen Weg, wie die Fäden zu entwirren sind.

☕ ☕ ☕

Ed und ich testeten die sieben Kaffees, indem wir jeden drei Mal probierten: heiß, warm und lauwarm.

Verschiedene Temperaturen ergeben verschiedene Geschmäcker.

Am Ende sagt Ed, in dieser Auswahl gebe es keine Superstars. Er meint, der beste Kandidat sei ein Kaffee aus Burundi, der von ihm 85 auf einer Skala von 100 Punkten bekomme.

Aber die Verkostung war keine Zeitverschwendung. Man weiß nie, woher der nächste großartige Kaffee kommen kann, und so verkostet Ed alles, was man ihm zuschickt. «Die Leute schicken mir beispielsweise eine Mitteilung, die lautet: ‹Dieser Kaffee stammt von der Farm meiner Großmutter aus der Dominikanischen Republik›.» Vor einigen Jahren wurde ihm ein Kaffee mit der Bemerkung zugeschickt: «Dieser Kaffee hat die Kriegsgebiete in Jemen durchquert, und Sie können nicht einmal das Schießpulver herausschmecken.» Im letzten Jahr, erzählt mir Ed, erwartete er eine Lieferung aus Papua-Neuguinea, aber sie sei nie angekommen, weil Stammeskriege die Ernte behinderten.

Ed begibt sich jedes Jahr auf eine Auslandsreise, auf der er sich mit Kaffeebauern trifft, um ein gutes Verhältnis aufzubauen, Kaffeeproben zu nehmen und Verträge abzuschließen.

«In einigen Wochen werde ich nach Südamerika reisen», sagt er. «Sie sollten mitkommen!»

Er erzählt mir, dass Joe's Hausmarke – diejenige, die ich jeden Tag bestelle – Bohnen enthält, die von einem kleinen Familienbetrieb in Kolumbien stammen. Er wird diese Farm besuchen, und ich könne mitkommen. «Meinen Sie das ernst?» «Ja; es ist allerdings nicht einfach, dorthin zu gelangen. Ein Flug, noch einen Flug und dann eine vierstündige Autofahrt. Aber Sie sind eingeladen.»

Also werde ich einfach so auf einen anderen Kontinent reisen.

☕ ☕ ☕

Nach der Kaffeeverkostung machen Ed und ich uns auf, ein paar Burritos in der Nähe seines Büros zu essen. «Es ist schon sonderbar, dass Sie mich in Ihrem Buch vorkommen lassen», sagt er, als wir uns hinsetzen. «Denn normalerweise spiele ich eher im Hintergrund. Ich bin Bassist.»

Das meint er buchstäblich. Ed spielt Bassgitarre in einer Band namens Erostratus, einer Freizeitband, die Rocksongs über gebrochene Herzen und Alkohol singt … «So das Übliche», wie Ed sagt. «Ich bin gern der Bassist», offenbart er. «Alle wollen Leadgitarrist oder Leadsänger sein, und die brauchen wir natürlich auch. Aber wir brauchen auch Bassisten. Ich bin unverzichtbar, halte mich aber im Hintergrund.»

Auf meinem Rückweg in der U-Bahn kann ich nicht aufhören, an Ed und seine bescheidene, aber wesentliche Bassgitarre zu denken. Es ist eine wundervolle Metapher für mein Projekt.

In unserer Gesellschaft erheben wir den Leadsänger zum Fetisch. Und nicht nur in der Musik.

Die Menschen im Vordergrund auf allen Gebieten – Kunst, Ingenieurswesen, Sport, Kochen – bekommen viel zu viel Aufmerksamkeit. Der Kult von Berühmtheit hat sich in jede Ecke ausgebreitet. Wir betonen individuelle Leistungen zu stark, wo doch im Grunde jede gute Sache in der Welt das Ergebnis von Teamwork ist. Man braucht sich bloß die Polio-Schutzimpfung anzusehen, die für sehr gut gehalten wird. In dem Buch *Geben und Nehmen: Warum Egoisten nicht immer gewinnen und hilfsbereite Menschen weiterkommen* führt der Psychologe Adam Grant aus, dass Jonas Salk allen Ruhm für die Erfindung der Polio-Schutzimpfung für sich beanspruchte. Er war auf dem Titelblatt des *Time Magazine*; er wurde zu einer Gallionsfigur.

Doch die Wahrheit über die Erfindung der Impfung ist nuancierter. Salk war Teil eines Teams an der Universität von Pittsburgh. Es gab sechs Forscher, die wesentliche Beiträge lieferten, ganz zu schweigen von drei Wissenschaftlern, die herausfanden, wie man Polio in Teströhren züchten kann, was ein grundlegender Fortschritt zur Entdeckung einer Impfung war. Mit anderen Worten, in dieser Band gab es viele Bassisten, die dabei halfen, Polio zu besiegen. Und diese vielen wurden übersehen, worüber sie zu Recht verbittert waren. In einer 1955 abgehaltenen Pressekonferenz über die Impfung, versäumte es Salk, seinen Mitarbeitern zu danken. Einige verließen die Konferenz unter Tränen.

Psychologen haben für dieses Versäumnis, Mitarbeiter anzuerkennen und ihnen zu danken, einen Namen geprägt: «Selbstwertdienliche Verzerrung». Sie verursacht, um nur eine Sache zu nennen, viel Leid und Groll unter den Millionen nicht anerkannter Bassspieler dieser Welt.

Aber ihre Langzeitauswirkungen können sogar noch schlimmer sein. Indem wir individuelle Leistungen über eine Kooperation erheben, schaffen wir eine Schwemme von Möchtegern-Superstars, die keine Zeit für Zusammenarbeit haben. Wir benötigen dringend mehr Bassisten in der Welt. Wir können dieses Phänomen in vielen Branchen beobachten, aber lassen Sie mich noch einen Augenblick bei der Wissenschaft bleiben. Der typischer Wissenschaftler giert danach, eine durchschlagend neue Hypothese zu schaffen, anstatt sich der genauso wichtigen, aber weniger glamourösen Aufgabe zu widmen, Experimente zu wiederholen, um sicher zu gehen, dass die Ergebnisse wahr sind. Dies hat zu einer Krise des Testens und Nachprüfens geführt. Eine schockierende Anzahl unserer wissenschaftlichen Erkenntnisse ist womöglich ungenau, weil es nicht genug Bassisten in Laborkitteln gibt, die ein Backup machen.

Ich bin nicht immun gegen eine selbstwertdienliche Verzerrung. Dieses Buch trägt meinen

Namen auf dem Umschlag, aber es verdankt seine Existenz Dutzenden von Menschen. Die Vorstellung eines einzelnen Autors verzerrt die Realität. In einer angemesseneren Welt trüge dieses Buch viele Namen auf dem Umschlag und nicht bloß meinen. Wir haben es in Betracht gezogen, aber Michelle Quintone, meine Lektorin – eine der besten Bassistinnen in der Verlagswelt –, meinte, ein solcher Buchumschlag wäre zu verwirrend und schwer lesbar. Und so stehe ich nun hier und führe den Mythos des Leadsängers fort.

So kann ich zumindest tun, was Robert Emmons im Kern über Dankbarkeit sagt: das bestätigen und anerkennen, was ich nicht selbst geleistet habe.

So geht mein Dank an den Umschlaggestalter, die Vertriebsleute, die freiberuflichen Forscher, die Arbeiter in der Druckerei, die Sägemühlenbetreiber … Wie Sie sehen, könnte dies ein eigenes Buch werden.

DIE HERSTELLER DER BECHER

Danke, dass der Kaffee nicht auf meinen Schoss verschüttet wird

Seit meinem Gespräch mit Ed ist eine Woche vergangen, und der heutige Morgen war nicht gerade lustig.

Ich verbrachte drei frustrierende Minuten damit, zu versuchen, meine Kontaktlinsen auf meine Augäpfel zu platzieren, die sich offenbar entschlossen hatten, diese abzustoßen.

Ich ergriff eine Aluminium-Wasserflasche für den Weg, verschwendete dann aber weitere zwei Minuten, um den passenden Verschluss zu finden. Ich habe mindestens sieben Deckel in verschiedenen Größen und Formen und fiel bei diesem improvisierten IQ-Test, den richtigen zu finden, durch.

Etwas später kam ich auf dem Bahnsteig der Subway an, nur um einen Zug der Linie C gerade im dunklen Tunnel verschwinden zu sehen.

Das sind Kleinigkeiten, ich weiß. Es sind Probleme einer typischen Erste-Welt-Wesensart. Aber sie geschahen eins nach dem anderen, und ihre Häufung hat meinen Cortisol-Spiegel in die Höhe getrieben. Meine Irritationsrate für diesen Tag liegt bereits bei weit über neunzig Prozent.

Da ich an einem Projekt zu Dankbarkeit arbeite, täte ich gut daran, etwas Dankbarkeit zu praktizieren, um mich zu beruhigen. Also stehe ich auf dem Bahnsteig und erinnere mich an folgenden Umstand: So wie Hunderte von Dingen richtig laufen müssen, damit es meinen Kaffee geben kann, so sind bereits Hunderte von Dingen heute für mich richtig gelaufen.

Für den Anfang:

Ich bin nicht auf den Treppen der U-Bahn gestolpert und habe mir dabei nicht das Schlüsselbein gebrochen.

Der Fahrstuhl in meinem Wohnhaus ist nicht in den Keller gestürzt und hat mir keine Gehirnerschütterung eingebracht.

Auf meinem Fahrtenausweis ist noch genügend Geld gespeichert, um mich durch das Drehkreuz zu bringen; es hat mich nicht gesperrt, als ich hindurchging.

Der Schlüssel liegt darin, mich daran zu erinnern, dass ich ein verdammter Glückspilz bin. Nicht zuletzt darin, eine konzertierte Anstrengung zu machen, all die guten Dingen anzuerkennen, die ich für selbstverständlich halte –, mich gegen die in mein Hirn eingebaute negative Ausrichtung zu stemmen, die unseren Vorfahren aus der Altsteinzeit vielleicht geholfen hat, wilden Tieren aus dem Weg zu gehen, die mich aber häufig in eine miserable Stimmung versetzt.

Ja, ich habe heute den Zug verpasst. Was ist aber mit all den Malen, da ich auf den Bahnsteig kam, gerade als die Türen sich öffneten, und ich in die Bahn schlüpfen konnte, während ich ein selbstzufriedenes Grinsen unterdrückte? Die Wahrheit ist, dass ich mit U-Bahnen kein Pech habe – es scheint lediglich so, weil die ärgerlichen Erfahrungen jene sind, die mir im Gedächtnis bleiben. Es ist die gleiche verzerrte Weise, wie ich mit Feedback umgehe. Wenn ich hundert Komplimente bekomme und eine einzige Beleidigung, woran erinnere ich mich? An die Beleidigung.

Gegen diese Ausrichtung anzugehen, erfordert eine bewusste Strategie, eine Verpflichtung zum Wahrnehmen. Beim nächsten Mal, wenn ich mich in einer Warteschlange in einem Laden befinde, die schnell vorankommt, oder mir ein Flughafen-Gate genannt wird, das gleich neben dem Security Check-in liegt und ich nicht erst einen Kilometer an Läden mit Frozen Yogurt entlanglaufen muss, gelobe ich, mich selber auf mein großes Glück hinzuweisen. Ich werde sogar laut bekennen: «Ich bin dankbar dafür, dass diese Warteschlange so kurz war!» Vielleicht wird dieser Gedanke es durch meinen dicken, voreingenommenen Schädel schaffen.

Ich bin zum Anhänger eines mentalen Spiels geworden, das ich «Es könnte schlimmer sein» nenne. Das kann eine kreative kleine Übung sein. Ich denke so für mich: Die U-Bahn-Schilder sind verwirrend, aber wenigstens sind sie in Englisch und nicht in Litauisch verfasst. Der Bahnsteig ist deprimierend, aber wenigstens singt niemand *Bohemian Rhapsody* neben einem offenen Gitarrenkasten.

Vor kurzem las ich einen Artikel über den Dichter Robert Bly, der erzählte, dass seine Mutter, wenn er sich als Kind das Knie aufschürfte, zu sagen pflegte: «Sei einfach dankbar, dass du dir nicht das Bein gebrochen hast.» Als Kind fand er das ärgerlich, was verständlich ist. Aber heute erkennt er darin eine perverse Weisheit.

Kurze Zeit später komme ich in meinem gemieteten Büro an. Es hat die Größe einer Besenkammer, aber ich erinnere mich daran, dass der Raum eine Tür und eine funktionierende Klimaanlage hat. Ich knipse das Licht an, stelle den Joe-Coffee-Becher auf meinen Schreibtisch und realisiere, dass ich auch denjenigen zu danken habe, welche die Becher herstellen, wenn ich allen danken will, die mir meine Tasse Kaffee ermöglichen. Ich trinke meinen Kaffee ja nicht aus dem Zapfhahn. Doch den Becherherstellern zu danken, ist keine leichte Aufgabe. So ein Becher besteht aus mehreren Elementen. Ich beschließe, oben anzufangen, beim Deckel.

Der Deckel

Ich habe dem weißen Plastikdeckel auf meinem Morgenkaffee nie besondere Beachtung geschenkt. Aber wenn ich ihn mir genauer ansehe, stelle ich fest, dass dies kein gewöhnlicher Deckel ist. Er hat ein ungewöhnliches Design. Er ist nicht so flach wie die meisten Kaffeebecherdeckel. Er besitzt Tiefe. Er sieht aus wie ein Stück aus einer umgekehrten geodätischen Kuppel, wie einer der Kuppelentwürfe aus dem Notizbuch von Buckminster Fuller. Und das Trinkloch? Es ist beinahe elegant: halbmondförmig, wie ein Viertelmond.

Als ich den Namen auf dem Deckel – «Viora» – google, entdecke ich, dass ich meinen Kaffee durch einen Superstar-Deckel schlürfe. Viora ist der Newcomer unter den Deckeln, aber es gab über ihn bereits technische Artikel in Zeitschriften wie Wired oder auf Webseiten wie Gizmodo. Er ist eine Art Tesla in der Welt der Deckel. «Wir sind keine Raketenwissenschaftler. Raketenwissenschaft bewirkt nichts, was den Geschmack Ihres Kaffees verbessern könnte», steht bescheiden auf Vioras Website.

Bevor ich mit Viora Kontakt aufnehme, verbringe ich einen Nachmittag damit, tief in die Welt der Kaffeebecherdeckel einzutauchen. Ich hatte keine Ahnung, dass es möglich ist, hier tief einzutauchen, aber ich wurde eines Besseren belehrt: Ich lerne, dass Deckel danach klassifiziert werden, wie man sie öffnet – Pinch, Puncture, Peel und Pucker. (Was auf Deutsch in etwa heißt: der mit dem Kniff, der zum Durchbohren, der zum Abziehen und der für gespitzte Lippen. Anm. d. Übers.)

Ich lerne, dass es Dutzende von exzentrischen Patenten gibt, darunter ein Deckel, der je nach Hitze des Kaffees eine andere Farbe annimmt. Ich erfahre, dass der Mann, der die Lasche zum Hinunterdrücken hat patentieren lassen, ein bekannter Milliardär ist, der auf seine U.S.-Staatsbürgerschaft verzichtet hat und nun in Belize, dem Steuerparadies in der Karibik, lebt. Und ich erfahre, dass Kaffeebecherdeckel ein Riesengeschäft sind. Pro Jahr werden mehr als eine Milliarde davon verkauft.

Kurzum: Ich erfahre, dass – wie bei den meisten Dingen, die ich für selbstverständlich halte – Menschen eine erstaunliche Menge an Gedanken und Mühen investiert haben, um dieses unscheinbare Stück Plastik zu gestalten.

Ich sende dem Erfinder von Viora eine Mail. Sein Name ist Doug Fleming, und er ist ein kaffee-besessener Anwalt in Seattle. Als er mich am nächsten Tag anruft, erläutere ich ihm mein Projekt. «Nun … ich wollte Ihnen nur ‹Dankeschön› sagen», sage ich. «Das ist schön zu hören», sagt

Doug. «Deckel erfreuen sich keiner großen Aufmerksamkeit.»

Dougs Meinung nach ist das eine Schande. Der Deckel sei ein wesentlicher – und erheblich unterbewerteter – Teil des Kaffeetrinkens. «Kaffee wird nicht für den Becher angebaut», erklärt er mir. «Er ist für das Gesicht gemacht. Man muss ihn wirklich trinken. Und Kaffee ist sehr empfindlich. Man braucht bloß eine Kleinigkeit an ihm zu verändern, und er schmeckt wie Katzenpisse. Ich finde es schrecklich, wenn der Kaffee am Ende durch einen miesen Deckel ruiniert wird. Das ist so, als würde man Tausende Kilometer laufen und alles beim letzten Schritt vermasseln.»

«Der ideale Deckel», sagt Doug, «ist einer, der die Trinkerfahrung nicht beeinträchtigt. Es sollte sich so anfühlen, als würde man aus einem Keramikbecher alten Stils trinken» … so wie das ideale Kondom sich anfühlen sollte, als hätte man es nicht an, und das ist mein Vergleich, nicht seiner.

«Aber was», frage ich ihn, «kann denn wirklich bei einem Deckel schiefgehen?» Doug sagt mir, die erste große Falle sei das Aroma. Es war in erster Linie dieses Problem, das Doug dazu inspirierte, an Deckeln herumzutüfteln. Er befand sich in einem Meeting mit einem Klienten, wobei er einen Kaffee aus einem Becher mit einem Deckel trank und bemerkte, dass der Geruch fehlte. Ihm kam es vor, als sei seine Nase verstopft.

Doug begann, komplizierte Designs für einen Deckel mit zwei Kammern und einem Plastikteil zu entwerfen, um das Aroma wie mit einem Geysir der Nase zuzuführen. Schließlich widmete er sich einer einfacheren Lösung: ein Deckel mit einem größeren Loch in der Mitte und mit einer tieferen Spalte für die Nase.

Während er spricht, halte ich meinen Kaffee vor die Nase und ziehe lang und tief das Aroma durch den Deckel ein. Aha, da ist der bittere Geschmack!

Das zweite große Problem ist das Spritzen. Die meisten Deckel drücken den Kaffee nach oben und speien ihn in den Mund. Nicht gerade ideal für ein kontrolliertes Trinken in kleinen Schlucken. «Wir wollten einen Deckel haben, der den Kaffee fließend herauskommen lässt, als würde man aus einer Bechertasse trinken.» Doug und sein Partner entwarfen ein Trinkloch, das in die innere Lippe des Deckels eingearbeitet ist. Der Mund muss sich in der richtigen Position befinden. Er muss entspannt sein. «Bei manchen Deckeln muss man seine Lippen so spitzen, als würde man an einem Strohhalm ziehen. Und das bedeutet, dass die retronasale Aromawahrnehmung nicht möglich ist.»

Er hält inne. «Das klingt wohl, als ob ich völlig bescheuert bin.»

«Dieser Zug ist längst abgefahren», sage ich. Die Unterhaltung war tatsächlich von Anfang an recht merkwürdig, aber wenn ich mich mit Doug unterhalte, fange ich an zu lächeln, manchmal sogar zu kichern. Es liegt eine unerwartete Freude darin zu entdecken, wie viel Intelligenz in dieses anscheinend banale Objekt eingeflossen ist.

Doug erzählt mir, was für ein Kampf es gewesen sei. Niemand wollte dieses merkwürdig geformte Loch herstellen. Alle sagten, so etwas sei nicht möglich. Schließlich fanden Doug und sein Partner ein Unternehmen in Kanada, das dabei hilft, Himbeerschalen aus Plastik herzustellen, deren Schlitze ebenfalls sehr seltsame Formen haben.

Und so haben sie die Werkzeuge aus Kanada zu einer Fabrik in Tennessee importiert, in der jeden Tag eimerweise besonderes geruchsfreies Plastikgranulat eingeschmolzen, zu Bögen ausgerollt, in Formen eingesogen, wieder abgezogen, in Kisten verpackt und zu Läden wie Joe's transportiert wird.

Und da haben wir es: Vollkommenheit. Oder auch nicht. Doug erzählt mir, dass er den Deckel noch weiter revolutionieren will. «Tatsächlich arbeite ich gerade an einem neuen Kaffeedeckel, der meine Mona Lisa werden wird», gibt er preis. Das Geheimnis ist … nun, darüber soll ich noch nicht schreiben. Es ist ein mörderisches Spiel dieses Deckelgeschäft.

Aber so viel kann ich Ihnen sagen: Ich werde meinen Kaffeedeckel nicht mehr für selbstverständlich halten. Und während der nächsten paar Tage werde ich versuchen, all die anderen kleinen verborgenen Meisterwerke industriellen Designs in meinem Leben wertzuschätzen. Ich bin dankbar, dass der Ein-/Aus-Schalter meiner Lampe eine glatte Einkerbung für meinen Daumen hat. Ich bin dankbar für die sternenförmigen Löcher in meinem Spaghetti-Sieb. Überall kleine geniale Details.

Das Logo

Der Deckel passt natürlich auf einen Pappbecher. Ich untersuchte den Becher genauer. Die Oberfläche ist von dem Blau der Eier der Wanderdrossel und mit drei Buchstaben verziert, JOE.

Mir gefällt das Logo. Es ist schlicht und eingängig. Da ein gutes Logo für ein funktionierendes Geschäft außerordentlich wichtig ist, werde ich wohl dem Designer danken müssen, denke ich mir.

Die Leute von Joe Coffee geben mir die Telefonnummer eines Mannes namens Marke Johnson, der in Denver lebt. «Danke», sage ich, als ich ihn anrufe. «Nun, das ist mein Job», sagt er. «Aber gern geschehen.» «Darf ich Sie fragen, wie Sie den Auftrag bekommen haben, das Logo zu entwerfen?»

Markes Antwort ist verquerer, als ich es mir hätte erträumen können. Vor einigen Jahren war Marke Mitglied einer dreizehnköpfigen Band, die sich Cinematic Underground nannte und die in einem umgewandelten Schulbus kreuz und quer durch Amerika tourte. Marke spielte Gitarre, gestaltete aber auch die Multimedia-Diashow der Band. Der Trompetenspieler der Band arbeitete später bei Joe Coffee und empfahl schließlich Marke für eine Neugestaltung des Logos. Und voilà. «Wer sind Ihre anderen Klienten, abgesehen vom Kaffee?», frage ich. «Wir haben vor Kurzem einem Whiskey ein neues Markenzeichen verpasst», sagt er. «Und ich hatte haufenweise Meetings mit Marihuana-Apotheken.» «Ich ahne ein Thema.» «Ja», lacht er. «Ein großer Teil unseres Geschäfts besteht darin, Markenzeichen für bewusstseinsverändernde Substanzen zu entwerfen – in dem Versuch, sie sozial akzeptierbar zu machen.»

Als Marke, dessen Unternehmen The Made Shop heißt, den Auftrag von Joe Coffee Company erhielt, flog er mit seinem Team nach New York, um die Atmosphäre und das Getränk auf sich wirken zu lassen. Er fand, dass Joe Coffee eine Ausstrahlung habe, die einladend wirkt, und dass das Logo dies widerspiegeln sollte.

Und so begannen endlose Runden von Meetings und Ideen und Skizzen, manche gut, manche furchtbar. Und wie bei dem Deckel bin ich beeindruckt von der Menge an Qualen, die in die kleinsten Entscheidungen einfließen.

Sehen wir uns allein die Wahl des Schriftschnitts an. Es brauchte Tage. Sie wollten etwas im Art-déco-Stil, aber die üblichen Art-déco-Schriften wirkten nicht so passend. «Sie waren zu kalt und spitz und nicht freundlich genug», sagt Marke. Sie stolperten schließlich über einen Font, der Nanami heißt, dessen «Ecken so ein kleines bisschen abgerundet waren». Ich schiele auf den Buchstaben E auf meinem Becher und bemerke – ja, die Ecken sehen aus, als seien sie mit Sandpapier abgeschmirgelt.

Eine weitere Herausforderung: Die Verantwortlichen bei Joe Coffee wollten, dass im Logo irgendwie das Bild einer Kaffeetasse enthalten ist, aber Marke war skeptisch. Eine Kaffeetasse erschien ihm zu klischeehaft. Er hatte gehofft, von Joe Coffee's vorherigem Logo wegzukommen, das die Silhouette eines dieser großen alten Kaffeebecher aus den Neunzigerjahren enthielt. «Er sah aus wie so ein Ding, aus dem Rachel aus der

Fernsehserie *Friends* trinkt», sagt Marke. Marke und sein Team kamen auf die Idee eines Perspektivwechsels. Was, wenn das Bild einer Tasse aus der Vogelperspektive, eingebettet in den Buchstaben O zu sehen wäre?

Es gibt eine ganze Gattung geheimer Bilder, die in Logos stecken: den berühmten Pfeil, der sich im Logo von FedEx versteckt, den im Toblerone-Logo versteckten Bären. «Unsere Kaffeetasse ist nicht so versteckt wie jene. Aber ich hoffe, dass es einen Moment braucht, sie zu bemerken. Dass sie Sie ein wenig überrascht.»

Während ich mit Marke telefoniere, sehe ich mich in meinem Büro um. Überall sehe ich Logos – den roten Schweif auf meiner Flasche Handdesinfektionsmittel Purell, den fröhlich gelben Schriftzug meiner Magentabletten Pepto-Bismol. Sie bilden meine Szenerie, meine Landschaft. «Es gibt überall Logos, sogar wenn ich zum Camping fahre, kann ich den Logos nicht entkommen», sagt Marke. «Viele Designs sind gut, aber viele sind auch furchtbar. Ich kenne einen Musiker, der ein großes Problem mit der Hintergrundmusik in Einkaufszentren hat. Für mich gilt das Gleiche für Logos. Es ist frustrierend. Es gibt eine Walgreens-Apotheke in der Nähe meines Hauses, und sie haben ein Plakat, auf dem sie drei Produkte bewerben. Zwischen zweien dieser Produkte ist merkbar mehr Raum als zwischen den anderen. Jedes Mal, wenn ich das sehe, macht mich das wütend.»

Ich lache. Ich kann mir nicht vorstellen, dass man sich über ein leicht unausgewogenes Plakat aufregen kann. Ich sage Marke, vielleicht sollte er ein Schlückchen von dem neu gestylten Whiskey trinken, oder etwas legal erstandenes Hasch rauchen.

Und dennoch bin ich froh, dass Marke so vernarrt ist, denn Logos sind das, was mir Tag für Tag vor die Nase kommt. Ich bin dankbar, dass er so engagiert ist, unsere Welt zumindest ein wenig eleganter zu machen. Und Marke hat den Verbrauchern von Joe ein hübsches Logo gestaltet: klar, freundlich, weniger rätselhaft als die grüne, eine Krone tragende Nixe von Starbucks.

Wer weiß? Vielleicht hat mir sein Logo geholfen, meinen Kaffee mehr zu genießen. Bei meinen Nachforschungen zum Thema Kaffee bin ich auf mehrere Experimente gestoßen, die zeigen, dass äußere Faktoren das Urteil der Leute über den Geschmack eines Kaffees beeinflussen. Wenn derselbe Kaffee in einem ausgefalleneren Becher serviert wird, glauben Konsumenten, dieser Kaffee schmecke besser. Wir sind eine leicht zu manipulierende Spezies.

Ich danke Marke noch einmal und verspreche,

mehr Verständnis für all die Menschen zu haben, die versuchen, unsere Welt weniger hässlich zu machen.

Die Manschette

Ich mache unangemeldete Anrufe, um Menschen für meinen Becher zu danken, und erhalte gemischte Reaktionen. Der Typ von der Vereinigung der Holzindustrie, die den Rohstoff anbaut, aus dem mein Pappbecher gemacht ist, reagiert auf meinen Anruf so, wie ich es tue, wenn ich auf der Straße das Angebot erhalte, mich einem Auditing mit einem Elektropsychometer zu unterziehen. «Ich weiß, das klingt seltsam, aber ich möchte Ihnen danken …», begann ich. «Ich brauche nichts», sagte er. «Nein, ich versuche nicht, Ihnen etwas zu verkaufen …»

Da hatte er bereits aufgehängt.

Aber viele andere waren umgänglicher, wie etwa die Frau, die dazu beitrug, die Manschette um den Kaffeebecher zu gestalten, den braunen Pappring, den Sie um den Becher gleiten lassen, um sich vor der Hitze des Getränks zu schützen.

Und erneut hätte ich niemals groß Zeit damit verbracht, über die Manschette nachzudenken, aber sie ist eine bemerkenswerte kleine Erfindung. Bedenken Sie die Millionen, wenn nicht Milliarden von Fingern und Daumen, welche durch diese Pappmanschetten vor einer Verbrennung oder zumindest vor einem lästigen Schmerz bewahrt worden sind.

Ein wenig Forschung offenbart, dass Halter für Kaffeetassen ohne Henkel bereits seit uralten Zeiten benutzt wurden. Sie haben sogar einen Namen: Zarfs. Türkischer Kaffee und Chinesischer Tee wurden den Adligen in Haltern aus Gold, Silber, Schildpatt und anderen Materialien serviert.

Die moderne Pappversion erblickte hingegen 1992 in Portland das Licht der Welt, und sie wird Java-Jacket genannt. Java Jacket Inc. existiert immer noch und ist nach wie vor ein Familienbetrieb, der von Jay Sorensen und seiner Frau Colleen geleitet wird. Ich finde die Telefonnummer, und Colleen ist am Telefon. «Ich möchte Ihnen dafür danken, dass Sie meinen Fingerspitzen viele unangenehme Stunden erspart haben», sage ich. «Das freut mich zu hören», sagt sie.

Ich bitte Colleen, mir vom Ursprung des Java-Jacket zu erzählen. Es ist eine entzückend einfache Geschichte, so schlicht wie die vom fallenden Apfel, der Isaac Newton inspiriert haben soll. Eines Tages setzte sich Jay in sein Auto, um ein Mittagessen zu kaufen, das er ihrer Tochter in die Schule bringen wollte. Er fuhr in ein Drive-in. Er nahm den Becher von dem Jungen am Schalter entgegen – und spürte, wie seine Finger zu brennen begannen. Aus einem Reflex heraus ließ er ihn fallen. Der Kaffee ergoss sich über seinen Schoß und wahrscheinlich stieß er einige Wörter aus, die ich hier nicht abdrucken möchte.

Jay fuhr nach Hause und begann am Küchentisch zusammen mit Colleen ein Brainstorming, um sich etwas auszudenken, das solch ein Missgeschick vermeiden könnte.

Es war eine besonders schwere Zeit in ihrem Leben, sagte Colleen. «Wir kamen gerade so eben zurecht.» Jay hatte zusammen mit seinem Vater eine Shell-Tankstelle eröffnet, aber sie war vor Kurzem geschlossen worden. Colleen jobte bei einem Caterer, und obwohl sie die «netten Leute und das kostenlose Essen» mochte, kam kaum etwas dabei herum. «Wir liehen uns 10000 Dollar von Jays Familie, stellten einige Prototypen her und verkauften sie aus dem Kofferraum heraus», sagte Colleen. Einige Monate später fuhren sie zu einer Tagung von Coffee-Shop-Besitzern, und dort stieß das Java-Jacket auf ein begeistertes Echo. «Wir sammelten all die Namen und Adressen und versandten viertausend Proben.»

Innerhalb von wenigen Jahren warf ihr Geschäft Profit ab, und sie konnten mehrere Leute beschäftigen. «Es war, als würde der Amerikanische Traum wahr werden», sagt Colleen. Sie kündigte ihren Job als Catering-Kellnerin und widmete ihre Zeit nun dem Java-Jacket und einer Wohltätigkeitsorganisation, die Reste von Restaurants an Obdachlose verteilte.

Als ich ihre Geschichte höre, bin ich wieder völlig begeistert. Sie ist beinahe «capraesk». (Frank Capra verrichtete Jobs als Tellerwäscher und Hilfskraft, bevor er als Regisseur von Spielfilmen Karriere machte. Anm. d. Übers.) Ich bin dankbar, dass es Geschichten wie die von Colleen noch gibt. Ich bin dankbar, dass es in Amerika noch Familienunternehmen gibt – und nicht nur die Forschungs- und Entwicklungsabteilungen der 500 umsatzstärksten Unternehmen –, die mit einer verrückten, aber überraschend nützlichen Idee auf den Markt kommen und sie in eine Wirklichkeit verwandeln, die das Leben von Millionen von Menschen eine klitzekleines bisschen besser macht. «Das war eine wilde Zeit», sagt Colleen. Sie erzählt mir von dem Augenblick, als sie im Fernsehen eine Autowerbung sah und der Fahrer zu ihrer Überraschung ein Java-Jacket benutzte. Das war ihre erste landesweite Präsentation. «Kennen Sie das Gefühl, das Sie haben, wenn Sie in jemanden verknallt sind, dieses kleine euphorische Gefühl? Genauso habe ich mich gefühlt.»

Einige Jahre später wurde dem Java-Jacket sogar eine noch größere Ehre zuteil. Es wurde in einer Ausstellung des Museum of Modern Art gezeigt. Unter dem Titel «Schlichte Meisterwerke» war das Java-Jacket neben einer Aspirin-Tablette und

Lego-Steinen zu sehen. Colleen nennt die Erfahrung surreal. «Ich erinnere mich, wie wir nach New York kamen, und es war irgendwie überwältigend», sagt Colleen. «Ich ging zum MoMA – dem echten MoMA! –, und da war unser Java-Jacket in einem Schaukasten. Ich erinnere mich, dass ich nicht allzu lange in dem Raum geblieben bin, weil ich doch noch die Monets und Picassos sehen wollte.»

Bevor ich auflege, bitte ich Colleen, aufrichtig zu sein. «Sind Sie dankbar, dass ich angerufen habe, oder war das eher lästig?» «Nein, ich freue mich, dass Sie angerufen haben. Es hat mich daran erinnert, welch ein Glück ich habe. Ich fühle mich wirklich, als hätte ich in der Lotterie gewonnen. Ich meine, ich würde nicht wollen, dass jeder anruft, der ein Java-Jacket benutzt, weil ich dann nichts mehr erledigt bekäme. Aber ich bin froh, dass Sie angerufen haben.»

Das ist eine Erleichterung. Wenn sie funktioniert, sollte Dankbarkeit keine Einbahnstraße sein. Sie sollte sowohl für den Dankenden als auch den Bedankten hilfreich sein. Sie ist nicht einfach ein Selbsthilfewerkzeug, sie sollte auch das Leben anderer erhellen. Ich bin sicher, dass es da draußen Greta Garbos gibt, die einfach nur in Ruhe gelassen und nicht bedankt werden wollen. Ich muss aufpassen. Aber glücklicherweise ist Colleen keine von ihnen.

Am nächsten Tag empfinde ich außer Dankbarkeit noch etwas anderes. Ich fühle mich überwältigt. Mehrere Tage habe ich damit verbracht, Nachforschungen anzustellen und denen zu danken, die mit Kaffeebechern zu tun haben, und bin noch nicht einmal zu den Becherherstellern selbst gelangt.

Wenn ich über die Anzahl der Beteiligten nachdenke, die Dankbarkeit für die Becher verdienen, wird mir schwindelig. Da sind die Leute von der Papierfabrik, wo die Pappe hergestellt wird. Die Holzfäller, welche die Bäume für den Zellstoff schlagen, aus dem die Pappe hergestellt wird. Die Metallarbeiter, welche die Kettensägen herstellen, die von den Holzfällern benutzt werden. Die Bergarbeiter, die das Eisen fördern, das wiederum zu Stahl für die Kettensägen verarbeitet wird.

Dies ist wie eine besonders boshafte Serie von Pop-up-Werbung. Jedes Mal, wenn ich einen neuen Schritt erkenne, bin ich mit Hunderten von auseinanderlaufenden Wegen konfrontiert. Ich könnte Tausende von Büchern schreiben, je nachdem, welchem Weg ich folgen würde.

Dabei rufe ich mir ins Gedächtnis: Vergiss nicht die Leute, welche die Helme herstellen, welche die Bergarbeiter tragen, wenn sie das Eisen abbauen, welches in Stahl für die Herstellung von Kettensägen verwandelt wird, welche die Holzfäller benutzen, um die Bäume zu fällen, womit der Zellstoff gewonnen wird, aus dem die Becher, in denen der Kaffee serviert wird, gefertigt werden.

Tief durchatmen.

In der Altsteinzeit wäre mein Projekt weitaus einfacher gewesen. Aber angesichts der Globalisierung – die meiner Meinung nach, trotz ihrer Fallgruben, eine positive Kraft ist – wäre es eine Lebensaufgabe, allen zu danken, die an dem Prozess zur Herstellung meiner Tasse Kaffee beteiligt sind.

Beim Abendessen mit Julie und den Kindern erzähle ich ihnen, dass ich mich zugeschüttet fühle. «Ich glaube ernsthaft, ich müsste jedem einzelnen Menschen auf der Welt danken.»

Julie sieht skeptisch drein. Sie weist auf die Zeitschrift *People* hin, die in Reichweite auf der Heizung liegt. «Und was ist mit ihr? Inwiefern hat Beyoncé dazu beigetragen, deinen Kaffee herzustellen?»

Würde ich genügend Recherche betreiben, erkläre ich, so würde ich wahrscheinlich auch zu Beyoncé gelangen. Vielleicht hat ja eine der Ingenieurinnen, welche die Plastikbeschichtung für meinen Kaffeebecher gemacht hat, die Songs von Beyoncé gehört, um sich für ihr Schlussexamen in Chemie zu motivieren. Vielleicht hat der Typ, der den Lkw für die Auslieferung der Becher gefahren hat, laut Beyoncé gehört, um wach zu bleiben.

«Das ist vielleicht etwas weit hergeholt, meinst du

nicht?», sagt Julie. «Ja und Nein», sage ich. Wir sind alle wechselseitig derart miteinander verbunden, dass es schwer fällt, eine Grenze zu ziehen. «Und was ist mit uns?», fragt Lukas. «Wie haben wir dazu beigetragen?»

Nach einer Minute antworte ich folgendermaßen: Julie und ich müssen arbeiten, um Lukas und seine Brüder zu unterstützen. Und unsere Steuern bezahlen für die Straßen, auf denen der Kaffee geliefert wird, und für die Polizisten, die Joe Coffee davor bewahren, ausgeraubt zu werden. «Also, danke ich dir», sage ich.

Ich spüre, dass ich in meinem Sohn Zane vielleicht einen Bekehrten habe. Er weist darauf hin, dass nicht nur Menschen, die heute leben, beteiligt sind. «Und was ist mit den Eltern der Frau vom Coffee-Shop?», sagt er. «Und deren Eltern? Und deren Eltern? Und deren Eltern?» «Genau», sage ich, froh darüber, ein wenig Rückenstärkung zu bekommen. «Da gibt es außerdem Millionen verstorbener Menschen, wie jener Kerl, der zum ersten Mal Stahl geschmiedet hat, und der Ziegenhirte im alten Äthiopien, der bemerkt hat, dass seine Ziegen zu tanzen begannen, wenn sie von einer bestimmten Pflanze gegessen haben, woraufhin er beschloss, die Kaffeebohnen selbst auszuprobieren. So lautet zumindest die Legende.»

Würde ich an spiritistische Sitzungen glauben, müsste ich auch diesen Menschen danken.

Nach dem Abendessen und einiger Überlegung muss ich zugeben, dass Julie recht hat.

Beyoncé zu danken, ist zu weit hergeholt. Ich muss mich beschränken. Vielleicht werde ich mich einfach auf tausend Leute beschränken. Das könnte mein Ziel sein. Tausend Dank. Das ist riesig, aber machbar.

DIE KAFFEERÖSTER

Danke fürs Ertragen der Hitze

Einige Tage später, als Julie sich für ihren Morgenspaziergang fertig macht, blicke ich ihr tief in die Augen und sage: «Ich wollte dich bloß wissen lassen, dass ich zutiefst dankbar dafür bin, dass du Lukas gestern zum Kieferorthopäden gebracht hast.» «Jaaa, ja», sagt sie, während sie ihre Stiefel überzieht. «Zutiefst gern geschehen, würde ich sagen.»

Okay, ist angekommen. Der Ausdruck «zutiefst dankbar» ist ein bisschen formell, er grenzt bereits an eine Verunsicherung. Damit klinge ich wie das Mitglied einer in Oregon angesiedelten Sekte, die auf Nacktmeditation schwört.

Aber ich habe meine Gründe. Vor Kurzem las ich eine Wharton-Studie, die feststellte, dass Menschen, die den Satz «Ich bin dankbar» sagten, als aufrichtiger dankbar eingestuft wurden als jene, die einfach nur «Danke» sagen.

So habe ich also die «Ich bin dankbar»-Konstruktion getestet und vereinzelt auch noch ein «zutiefst» zur Betonung eingestreut.

Die Kernaussage der Studie besagt, dass der

Ausdruck «Danke» zu oft als automatischer, rein verbaler Reflex angesehen wird. Wenn Sie ihn durch eine andere Dankbarkeitsformulierung ersetzen, wird das die Leute vielleicht aufwecken und sie dazu bringen, die Dankbarkeit wahrzunehmen.

Die Reaktionen waren bislang recht unterschiedlich – oftmals ein echtes Lächeln und manchmal ein nervöses Grinsen. Heute Morgen sagte ich dem Barista von Joe: «Ich bin für diesen Kaffee wirklich dankbar.» «Das sollten Sie auch», sagte er lachend. Sein Selbstvertrauen verschönerte meinen Tag.

Seltsamerweise hat der Gebrauch dieses Ausdrucks wahrscheinlich die größte Auswirkung auf meine eigene Psyche. Sowie ich mich zwinge, den unbeholfenen Satz «Ich bin dankbar» auszusprechen, fühle ich mich schon ein wenig dankbarer.

Das sollte mich wohl nicht überraschen. Es bestätigt ein großes Thema, das mir während meiner vorherigen Schreibprojekte aufgefallen ist: dass das Äußere das Innere gestaltet, dass unsere Rede und unsere Handlungen unsere Gedanken verändern. Es gibt ein tolles Zitat von dem Gründer von «Habitat for Humanity», welches dieses Phänomen beschreibt. Er sagt: «Es ist leichter, durch Handeln zu einer neuen Denkweise zu gelangen, als durch Denken zu einer neuen Handlungsweise.»

Lassen Sie mich Ihnen ein kurzes Beispiel geben. Vor einigen Jahren schrieb ich ein Buch über meinen Versuch, mir selbst einen Crashkurs in Religion zu verpassen: *Die Bibel & ich*. Ich versuchte etwas über die Bibel zu lernen, indem ich sie lebte, indem ich sämtlichen biblischen Regeln so weit wie möglich folgte. Ich bemühte mich, die Zehn Gebote einzuhalten. Ich ließ mir einen buschigen Mosesbart wachsen. Ich vermied es, Kleidung aus Textilgemischen zu tragen (wie es der Levitikus, das 3. Buch Mose, vorschreibt).

Außerdem musste ich versuchen, mitfühlender zu sein, was nicht meiner natürlichen Geisteshaltung entspricht. Wie sollte ich das bewerkstelligen? Meine Strategie bestand darin, mich so zu verhalten, als sei ich tatsächlich mitfühlend.

Zu jener Zeit lag einer meiner Freunde im Krankenhaus. Ich hasse Krankenhäuser. Ich hasse alles an ihnen, den Geruch eingeschlossen, der es schafft, gleichzeitig antiseptisch und faulig zu sein. Doch ich sagte mir: «Was würde ein mitfühlender Mensch tun? Er oder sie würde den Freund im Krankenhaus besuchen.» Und so zwang ich mich, hinzufahren.

Als ich im Krankenhaus ankam, geschah etwas Seltsames. Ich habe mein Gehirn hereingelegt. Mein Gehirn sagte: «Sieh mal, ich bin im Krankenhaus, um meinen Freund zu besuchen. Ich muss ein mitfühlender Mensch sein!» Tut man so etwas oft genug, dann wird man tatsächlich etwas mitfühlender. Das ist grundlegende Kognitive Verhaltenstherapie: Verhalten Sie sich auf eine bestimmte Weise, und Ihr Gemüt wird sich schließlich dem angleichen.

Zu dem gleichen Phänomen, etwas so lange zu tun, bis es echt wird, kam es, als ich einen Artikel über den Versuch schrieb, der bestmögliche Ehemann zu sein. Jeden Tag zwang ich mich, ein kleines Geschenk für Julie zu kaufen – Marzipan, Magnete, überteuerte Seife, die nach Guaven roch.

Erneut hatte ich mein Gehirn ausgetrickst. Mein Gehirn dachte: «Ich kaufe meiner Frau all diese Dinge, also muss ich sie wirklich lieben.» Und meine Liebe wurde tatsächlich etwas größer.

Ich erkenne einen ähnlichen Wandel hinsichtlich der Dankbarkeit. Ich bringe Dankbarkeit so oft laut zum Ausdruck, dass mein Gemüt sich dem angleicht. Ich bin noch weit von meinem Ziel entfernt, weniger als die Hälfte meiner Zeit angefressen zu sein, aber es ist ein Anfang.

Später an diesem Morgen mache ich mich auf den Weg nach Brooklyn, um einigen Leuten dort zu sagen: «Ich bin dankbar». Ed Kaufmann hat mich in die Kaffeerösterei von Joe Coffee eingeladen. Dies ist der Ort, an dem die rohen grünen Kaffeebohnen aus aller Welt angeliefert werden. Dort werden sie dunkelbraun geröstet und in Kleinlaster gepackt, die sie an die Cafés liefern.

Das Werk ist ein riesengroßer Raum aus Backsteinen und Holzpfeilern, mit Gabelstaplern, Pappkartons und einem unpassenden goldenen Kronleuchter, der von der Decke herabhängt. «Willkommen in unserer Küche», begrüßt mich Ed.

Der auffälligste Bestandteil der Rösterei sind, was einen nicht verwundern sollte, die Röster selbst. Das sind riesige Stahlmaschinen, die Eds Worten zufolge aussehen, «als hätten ein Pizzaofen und ein Wäschetrockner ein Baby bekommen».

Jede dieser enormen Stahltrommeln ist mit Kaffeebohnen gefüllt, die von einem Metallarm umgerührt werden, und wird von einem bullernden Gasfeuer unter dem Kessel erhitzt. Neben dem Röster steht ein Computer, auf dessen Bildschirm eine Dow-Jones-artige Grafik zu sehen ist. «Die sind dazu da, um die Temperaturen im Inneren des Rösters zu kontrollieren», erklärt Ed.

Mann stellt den Röster nicht einfach auf 350 Grad ein und widmet sich dann seinem Kreuzworträtsel, erläutert er. Jede Minute des zwölfminütigen Röstzyklus› muss eine andere Temperatur haben, damit der ideale Kaffee herauskommt. Es braucht jemanden, der die Einstellungen anpasst, einen Angestellten, der den Prozess Sekunde für Sekunde überwacht.

Der Röstofen ist nur einer von Dutzenden von

Apparaten. Ich sehe mich um: Der Ort sieht aus wie eine friedfertige Variante von Qs Laboratorium in einem Bond-Film.

Es gibt ein Toaster-großes Gerät, das ein schwirrendes Geräusch erzeugt und dann den Feuchtigkeitsgrad der Bohnen anzeigt. Elf Prozent ist gut. Es gibt ein anderes Teil der Ausstattung, das wie ein Thermometer aussieht. Es misst die Stabilität, das heißt, inwiefern sich die Chemie der Kaffeebohnen sich verändert. «Als ich in Kolumbien war, rösteten die Bauern eine Tasse Kaffeebohnen in einer Bratpfanne, und der Kaffee war herrlich», sagt Ed. «Man kommt also auch ohne all dieses Zeugs aus. Aber wir wollen kein Risiko eingehen.»

In der Rösterei gibt es mehr als Maschinen. Da sind noch einige Leute, die hier arbeiten, zumindest so lange, bis die Revolution der Künstlichen Intelligenz Einzug hält.

Ed stellt mich Eric vor, der eine Fahrradkappe und ein T-Shirt mit bis zu den Schultern hochgekrempelten Ärmeln trägt. «Es kann hier drin ganz schön heiß werden», erklärt Eric.

Eric ist einer des fünfköpfigen Teams, das sich um das Beladen, Wiegen und Verpacken des Kaffees kümmert. «Ich wollte nur sagen, dass ich dankbar dafür bin, dass Sie mithelfen, meinen Becher Kaffee bereitzustellen», sage ich zu ihm.

«Danke, Mann», antwortet Eric. «Ich trinke ihn auch, daher weiß ich, dass er einen Tag bereichern oder versauen kann.»

Eric erklärt, jedes der Mitglieder des Teams habe seine eigene Methode, die siebzig Kilogramm schweren Jutesäcke mit Kaffeebohnen zu schleppen, wenn sie vom Laster kommen. Einer der Burschen bindet «drei oder vier mit einem orangenen Gurt zusammen und schleift sie wie einen Maulesel hinter sich her». Eric zieht die die Säcke lieber über den Boden «wie einen Drink an der Bar». «Wir haben schon daran gedacht, hier eine Cross-Fit-Trainingseinheit anzubieten», sagt einer der Männer. »Wir könnten den Leuten 100 Dollar die Stunde berechnen, dafür dass sie die Säcke schleppen.» Nachdem die Bohnen geröstet sind, greifen Eric und seine Kollegen zu überdimensionalen Kellen, um die Bohnen in Zwei-Kilo-Tüten zu schaufeln. «Ich fülle gerne eine Tüte nach der anderen ab, falte sie zu und gehe dann zur nächsten über», sagt Erics Kollege Lee. «Aber Eric ist ein Künstler. Er verteilt drei mächtige Kellen über zehn verschiedene Tüten und fügt dann zu allen eine kleine Prise hinzu, sodass es genau zwei Kilo sind.»

Ich frage, ob ich ein Dankeschön-Foto machen darf, da ich ein Album aller Bedankten anlegen möchte. Vier der fünf Jungs – Eric und Lee eingeschlossen – willigen ein. Aber es gibt noch einen anderen, langhaarigen Mann, der auf dem Gabelstapler sitzt. Er winkt ab. Er ist nicht daran interessiert, dass man ihm dankt. Ich weiß nicht, warum. Vielleicht glaubt er, es sei herablassend, wenn man sich bedankt. Vielleicht will er auch nur seine Arbeit in Ruhe machen. Vielleicht wollen das die anderen Jungs ja auch, sie sind aber zu höflich, um es offen auszusprechen.

☕ ☕ ☕

Dieses Wochenende unternehmen Julie und ich mit den Kindern einen Ausflug nach Rhode Island, um unsere Freunde Ruti und Andrew zu besuchen. Ruti ist Professorin für internationale Beziehungen am Providence College. Ich erzähle ihr von meinem Dankbarkeitsprojekt. «Kaum zu glauben», sagt sie. «Weißt du, ich habe nämlich gerade eine Vorlesungsreihe zur Ökonomie von Kaffee gehalten!»

Ich hatte keine Ahnung. Ich glaube nicht an Schicksal, kann aber immer noch dankbar für die kleinen glücklichen Zusammentreffen sein, und dies ist ein wunderbares. Ruti verbringt das Wochenende damit, mir die Lieferkette von Kaffee zu erläutern. «Etwas solltest du dir merken: Du solltest diesen Prozess nicht beschönigen», sagt sie. «Auf einigen dieser Plantagen herrschen kaum bessere Verhältnisse als zu Zeiten der Sklavenarbeit.»

Ich verspreche ihr, dass ich darauf achten werde. Ich sage, dass ich von Joe Coffee kaufe, einer Gesellschaft, die ein gutes soziales Gewissen zu haben scheint.

«Das mag wahr sein. Aber denke daran, es gibt eine Menge Unterdrückung auf dem Weg, den der Kaffee nimmt.»

Ruti hat recht. Ich will bei dieser komplexen Angelegenheit nicht blauäugig sein. Kaffee bewirkt viel Gutes in der Welt, verursacht aber auch massiv Leiden. Ich habe in der Tat eine Liste mit den Pros und Contras dieses Getränks auf meinem Computer erstellt.

Auf der guten Seite:

- Kaffee beschert jeden Tag Millionen von Menschen kleine Schübe von Dopamin. Er war der Treibstoff für viele großartige Werke in Kunst und Ingenieurwesen. Beethoven war bekannt dafür, jeden Morgen seine Tasse von exakt vierundsechzig Bohnen zu trinken, und Balzac stürzte jeden Tag beängstigende fünfzig Tassen hinunter.
- Kaffee ist ein großer ökonomischer Motor für Wohlstand. Kaffee versorgt schätzungsweise 125 Millionen Menschen weltweit mit Arbeit. Mit den Worten von Mark Pendergast in seinem Buch *Uncommon Grounds: The History of Coffee and How It Transformed Our*

World, ist Kaffee «eine wesentliche Quelle des Einkommens für Bauernfamilien, die um ihre Existenz ringen. Er bildet die Basis für nationale Industrialisierung und Modernisierung, und der Kaffeeanbau kann ein Modell für biologische Landwirtschaft und fairen Handel sein».

- Kaffee hat sogar dem Norden Amerikas geholfen, den Bürgerkrieg zu gewinnen. Das ist zumindest meine Theorie. Die Unionsstaaten besaßen echten Kaffee, aber die Südstaaten mussten sich wegen der Seeblockade mit koffeinfreiem Ersatz wie Chicorée, Mais und anderen Substanzen begnügen. Insofern schreibe ich es dem Kaffee zu, unsere Nation gerettet zu haben.

Auf der schlechten Seite:

- Kaffee kann verheerende Schäden für die Umwelt anrichten. Eine Gruppe, die sich ClimatePath nennt, schätzt, dass für ein Pfund Kaffee – Anbau, Verpackung, Verschiffung und so weiter – fünf Pfund Kohlendioxid freigesetzt werden. Um gar nicht erst von den Milliarden von Plastikdeckeln zu sprechen, die im Pazifik schwimmen. Oder davon, wie Kaffeeplantagen ganze Wälder in Zentralamerika ausradieren.
- Kaffee ist ein bevorzugtes Genussmittel von Arbeitgebern, die ihren Angestellten eine ungesunde Anzahl an Überstunden abverlangen.

- Kaffeeanbau hat zu einem großen Wohlstandsgefälle geführt: Eine glückliche Handvoll von Menschen verdient damit ein Vermögen, während Millionen in Armut gefangen bleiben. Um noch einmal *Uncommon Grounds* zu zitieren: Kaffee hat «zur Unterdrückung und Landenteignung der indigenen Bevölkerung geführt, zur Aufgabe von deren Landwirtschaft für den Eigenbedarf zugunsten von Exporten und dem blindem Vertrauen auf ausländische Märkte».

Ruti hat also recht. Mein Projekt kann nicht nur froh und glänzend sein. Ich muss mich auch der rauen Seite des Kaffees stellen. Ich darf Dankbarkeit nicht in ihren nutzlosen Cousin Selbstzufriedenheit abgleiten lassen. Derart dankbar, dass ich anfange zu glauben, die Welt sei perfekt, will ich nicht sein.

Viele glauben, dies könne die größte Gefahr von Dankbarkeit sein. Die Autorin Barbara Ehrenreich schrieb vor einigen Jahren einen Artikel mit dem Titel «Die egoistische Seite der Dankbarkeit» für die *New York Times*. Zusammengefasst sagt sie, Dankbarkeit sei der größte Feind eines positiven sozialen Wandels.

Sie betrachtet Dankbarkeit als Opium für das Volk. Walmart-Mitarbeitern wird geraten, dankbar zu sein, statt sich über ihren geringen Lohn zu beschweren. Ehrenreich deutet sogar an, die

Dankbarkeitsbewegung könnte ein Komplott des rechten Flügels sei. «Es ist vielleicht nicht verwunderlich, dass der Aufstieg von Dankbarkeit zu einem gepriesenen Mittel der Selbsthilfe stark dem Wirken der konservativ ausgerichteten John Templeton Foundation zuzuschreiben ist», schreibt sie. «Anfang dieses Jahrzehnts hat die Stiftung, die den Kapitalismus des freien Marktes fördert, dem Dankbarkeitsforscher Dr. Emmons 5,6 Millionen Dollar gestiftet.»

Dieser Artikel ist besorgniserregend. Könnte es sein, dass ich einfach ein Tölpel bin? Ich rufe meinen Dankbarkeits-Guru Scott Barry Kaufman an und stelle ihm diese Frage. «Das ist eine interessante Behauptung, doch sie lässt sich empirisch nicht bestätigen», sagt Scott zu meiner großen Erleichterung. «Es ist vielmehr das Gegenteil. Die Forschung zeigt, dass Menschen großzügiger und sozialer eingestellt sind, wenn sie Dankbarkeit empfinden.»

Scott wies mich auf eine Studie hin, die zeigt, dass Dankbarkeit die Menschen dazu motiviert, etwas zurückzugeben. Die Studie berichtet von einem raffinierten Experiment. Psychologen – unter ihnen David DeSteno von der Northeastern University in Boston – brachten zwei Freiwillige in ein Laboratorium, setzten sie in aneinandergrenzende Kabinen und baten sie, eine langweilige Aufgabe am Computer zu erledigen.

Nach zwanzig Minuten stürzte der Computer von Person A ab und löschte die ganze geleistete Arbeit. Person A musste wieder von vorn anfangen und weitere zwanzig Minuten vergeuden. Es war zum Verzweifeln.

An diesem Punkt, bot Person B an, zu helfen, den Computer in Ordnung zu bringen. Aber hierin verbarg sich bei dem Experiment der Trick: Person B war in Wirklichkeit ein Insider, ein Verbündeter der Psychologen. Der Computer von Person A war so manipuliert worden, dass er abstürzen musste, und Person B brauchte nur einen geheimen Knopf zu drücken, um den PC «in Ordnung zu bringen».

Nachdem der Computer von A wieder lief, stand es der Person A frei zu gehen, und wahrscheinlich war sie von Dankbarkeit erfüllt. In dem Moment kam es zu dem letzten Dreh. Als Person A das Gebäude verließ, wurde sie von einem Fremden um Hilfe bei einer Aufgabe gebeten, die zu der vorherigen Tätigkeit in keiner Beziehung stand. Und was glauben Sie? Person A war sehr viel hilfsbereiter als Personen einer Kontrollgruppe, die keinen Computer-«Crash» erlebt und keine Hilfe von Person B erfahren hatten. Das war die große Entdeckung: Dankbare Menschen waren sehr viel öfter bereit zu helfen. Sie gaben etwas zurück.

Als ich diese Studie gelesen hatte, schickte ich eine Dankesnote an Scott. Das ist ermutigend. Meine eher zynische Seite hat lange gedacht, Dankbarkeit sei wahrscheinlich aus egoistischen Gründen entstanden. Sie habe wohl als eine Art von Verpflichtung begonnen – wie du mir, so ich dir: Schimpanse A entlaust Schimpansen B, also ist Schimpanse B eher geneigt, sein Futter mit Schimpanse A zu teilen.

Das mag so weit ganz gut sein; gegen solche Tauschgeschäfte ist nichts einzuwenden. Aber die Studien wiesen darauf hin, dass Dankbarkeit ihren realpolitischen Ursprüngen entwachsen ist. Sie hat sich über das Erwidern eines Gefallens hinaus ausgeweitet, und sie hat das Maß unserer Menschlichkeit gegenüber Fremden vergrößert.

Ich habe das selbst erlebt. Ich weiß, dass ich nur ein einzelner kleiner menschlicher Datenträger bin, aber wenn ich mich dankbar fühle, bin ich glücklicher und denke eher an andere. Ich neige wahrscheinlich eher dazu, empathisch zu sein, mich freiwillig zu engagieren oder Geld für eine gute Sache zu spenden. Wenn ich griesgrämig oder depressiv bin, kehre ich zum egoistischen Geisteszustand zurück. «Mein Leben ist elend, wozu sollte ich mich damit abgeben, anderen zu helfen?» Ein Ziel für dieses Projekt liegt also darin, Selbstzufriedenheit zu vermeiden. Sicherzustellen, dass Dankbarkeit ein Zündfunke für Handeln ist, für eine Weise, das Leben der Menschen in der Kette zumindest ein kleines bisschen zu verbessern. Wie zu verbessern? Darauf habe ich noch keine Antwort.

DAS WASSER

Danke für das Füllen meines Bechers

Ich habe versucht, einige der Strategien, von denen in Büchern über Dankbarkeit die Rede ist, umzusetzen. Der Psychologe Emmons empfiehlt: «Wenn Sie das nächste Mal gegenüber jemandem Dankbarkeit empfinden, umarmen Sie ihn oder sie, oder berühren Sie diesen Menschen an der Hand oder Schulter.»

In unserer Post-Harvey-Weinstein-Welt sind unverlangte Umarmungen vermutlich ein Verhalten, das man tunlichst vermeiden sollte. Eine andere Strategie scheint sicherer zu sein: Danksagungen schreiben. Jeden Tag um die Mittagszeit nehme ich mir eine Stunde Zeit, um ungefähr zehn Danksagungen via E-Mail, LinkedIn und auf Papier in guten altmodischen Papierumschlägen zu verschicken. Die Ratgeber für Etikette sagen, je persönlicher eine Danksagung, desto besser, also versuche ich Einzelheiten hinzuzufügen. So danke ich etwa den Angestellten des gemeinnützigen Coffee Quality Institute – einer Stelle, die Bauern beim Einsatz besserer Anbautechniken berät –, dafür, dass sie sich selbst aufs Feld hinaus begeben und sich den Moskitos aussetzen. Die meisten Empfänger schreiben mir nicht zurück, und ich erinnere mich daran, dass das auch gut so ist. Ich sollte keinen Dank für meinen Dank erwarten. Aber wenn ich eine Antwort darauf bekomme, bin ich wie elektrisiert. Das ist wie der Rausch eines Espressos hoch zehn.

Heute erhielt ich eine E-Mail von einem Ingenieur bei GrainPro, einer Firma, die einen besonderen Plastiksack herstellt, der die Kaffeebohnen während der Verschiffung frisch hält. Er schrieb einige Absätze und endete mit: «Im Namen meiner stolzen Kollegen von GrainPro danke ich Ihnen für Ihre großartigen Äußerungen, die uns Freude bereitet haben.» Nichts weniger als Freude!

Ich schreibe so viele Dankesbriefchen, dass ich beschließe, einen Gang zum Postamt zu unternehmen, um neue Briefmarken zu kaufen. Und bei der Gelegenheit könnte ich den Postlern dafür danken, die Post für Joe Coffee auszutragen. Ich sehe mir im Internet die Öffnungszeiten an. In einer Ecke entdecke ich einen Link auf die Bewertungssite Yelp zu meinem örtlichen Postamt. Ich klicke darauf. Die Poststelle bekommt keine guten Noten. Viele Ein-Stern-Bewertungen. «Hier beraubt man Sie sämtlicher Glücksgefühle», schreibt eine Frau namens Anna. Jemand mit dem Namen Chin nennt die Angestellten nicht nur mürrisch, sondern geradezu «sadistisch». Ein Mann namens Sam meint, dieses Postamt sei «ein lohnendes Ziel, wenn man seine Zeit vergeuden will».

Aber einer der Kritiker mit Namen Biff Buffalo sieht das anders. Er schreibt: «Behandle die Angestellten mit Freundlichkeit, und sie werden dich genauso behandeln. Ich schenke ihnen mehrmals im Jahr Kekse.»

Ich bin von Biff tief beeindruckt. Seine Geste ist gleichzeitig entzückend und völlig verrückt. Aber sie passt in mein Dankbarkeitsprojekt. Später an diesem Tag kaufe ich einige Hershey's Schokoladenriegel – ich fürchte, selbstgebackene Kekse würden als gefährlich abgelehnt werden – und nehme sie mit zum Postamt.

Als ich an die Spitze der Schlange gelange, ruft der Postangestellte: «Der Nächste!».

«Ich versuche, dankbarer zu sein», sage ich, als ich zum Schalter vortrete. «Und ich weiß, dass Sie hart arbeiten, also dachte ich, ich bringe Ihnen und Ihrem Team ein Dankeschön-Geschenk mit, das Sie miteinander teilen können.» «Oh Mann», sagt er.

Er schiebt das Fenster hoch und ich lege die Tüte auf die Waage. «Ich meine, ich möchte nicht, dass Sie denken, ich wolle Sie als Beamten bestechen. Ich möchte Ihnen nur einen kleinen Dank zukommen lassen.» «Oh Mann», sagt er wieder, dieses Mal lachend.

Ich kann nicht sagen, ob «Oh Mann» bedeutet «Oh Mann, bitte zieh jetzt keine Waffe» oder «Oh Mann, was für eine schöne unerwartete Nettigkeit.»

Er reicht mir meine Briefmarken schnell und effizient, frei von Sadismus. Und mein Glück wird mir auch nicht geraubt.

Nach dem Postamt gehe ich zu Joe, um meinen Kaffee zu holen. Während ich an ihm nippe, denke ich wieder an etwas, was Ed mir erzählt hat. Kaffee ist nur ein kleiner Bestandteil des Getränks Kaffee. Das Verhältnis in meinem Becher beträgt 1,2 Prozent gemahlene Bohnen und 98,8 Prozent Wasser. Wenn ich also jedem danken will, der am Zustandekommen meines Kaffees beteiligt ist, dann sollte ich wohl auch jenen danken, die den größten Anteil zur Flüssigkeit beisteuern.

Für meine Nachforschungen lese ich ein Buch über die Geschichte des Trinkwassers und werde daran erinnert, wie erstaunlich es ist, dass wir nur einen kleinen Griff zu drehen brauchen, um sofort einen Strahl sauberen Trinkwassers bekommen.

Dies war während 99 Prozent der Menschheitsgeschichte nicht der Fall. Und es gilt noch immer nicht für viele Teile der Erde, wo eine bedrückend große Anzahl von Menschen einen großen Teil ihres Tages damit verbringen, mit einem Eimer in der Hand zum Brunnen zu wandern. James Salzman schreibt in seinem Buch *Drinking Water* über

Millionen von afrikanischen Frauen, die täglich solche Wanderungen unternehmen, «die ihnen die Möglichkeiten rauben, Arbeit oder eine Ausbildung zu bekommen und so die Geschlechterungleichheit und Armut weiter fortbestehen lassen».

Aber meine Familie erfreut sich des absurden Glücks, an einem Ort zu leben, wo wir augenblicklich Zugang zu Wasser für unseren Kaffee, für unsere Dusche und das tägliche Besprengen unserer Lieblingsschildkröte haben. Und in New York bekommen wir nicht nur irgendein Wasser. New Yorks Wasser besitzt verdientermaßen den Ruf, «der Champagner unter den Wassern» zu sein – sauber und geschmackvoll. Gelegentlich wird es sogar in Flaschen abgefüllt und als Neuheit nach Europa verkauft.

Einige Tage später befinde ich mich 99 Meilen nördlich von Manhattan in der Kleinstadt Kingston in den Catskill Mountains. Ich unternehme eine Wanderung mit einem Mann namens Adam Bosch, einem ehemaligen Reporter der örtlichen Tageszeitung, der nun für das Department of Environmental Protection «» arbeitet.

Wir blicken auf einen großen blauen See, dessen Wasser vom Wind zu Schaumkronen aufgepeitscht wird. «Es ist keine Übertreibung zu sagen, dass es New York City ohne dieses Wasser buchstäblich nicht geben würde», sagt Adam.

Irgendwo in diesem See stecken also die Tropfen des Wassers, die im Laufe der nächsten Monate meilenweit durch Rohre fließen, gechlort und mit ultraviolettem Licht bestrahlt und schließlich die Leitungen zu Joe Coffee hochsteigen und in meinem Kaffeebecher landen werden.

Das Erste, was mich erstaunt, ist die Größe des Sees. Ich vermag kaum das andere Ufer zu erkennen. Und dieser See ist nur einer von vielen. New York City wird von einer Ansammlung von 19 solchen Reservoirs versorgt. Alle zusammen nehmen eine Fläche von der doppelten Größe von Rhode Island ein. Wir sprechen hier von 580 Milliarden Gallonen Wasser. An einem einzigen Tag verbraucht New York so viel Wasser, dass man damit zehnmal das Baseballstadion der Yankees füllen könnte.

Die zweite Sache, die mich verblüfft, ist, wie sehr dieser See einem ganz gewöhnlichen See gleicht. Ich hatte irgendwie erwartet, dass New Yorks Wasser durch einen zwölf Meter hohen Stacheldrahtzaun und Wachtürme geschützt wird, die mit jenen konkurrieren können, die in den 1960er-Jahren die Berliner Mauer überragten. Aber mitnichten, hier oben ist es relativ offen.

Die Gegend hier gleicht eher einem öffentlichen Park. Eine Frau mit einem violetten Stirnband fährt lauthals singend auf dem Fahrrad an uns vorüber. Am Ufer liegen etliche weiße Motorboote, die auf New Yorks zukünftigem Trinkwasser umherkreuzen. «Man kann hier richtig gut angeln», sagt Adam. «Man hat hier vor einigen Jahren den größten Zander des Bundesstaates gefangen.»

Uhh. Mein Trinkwasser wird mit Fischen geteilt. Daran hatte ich nicht gedacht. Es ist etwas irritierend, zumindest für mich – und offenbar ebenfalls für Hunderte von Schulkindern, die jedes Jahr den See besichtigen.

«Wenn wir Schulklassen hier haben, fragen die Kinder immer nach Fischkacke», sagt Adam.

«Und?», frage ich.

Adam erzählt den Kindern, das sei kein Problem. Es gebe hier so viel Wasser, dass die Rückstände praktisch verschwänden, erklärt er.

Es sind nicht nur Fische. Biber, Rehe und Gänse lassen sich alle im Reservoir und darum herum nieder. Das DEP ist damit beschäftigt, den Einfluss dieser Tiere zu verringern. «Wir brennen Feuerwerk ab, um sie zu vertreiben, aber alle kann man nicht abschrecken», sagt Adam. Vor großen Regenstürmen gehen Mitarbeiter des DEP die Ufer ab, um den Kot von Rehen und Mäusen einzusammeln. Diesen Leuten gebührt ernstlich Dank.

Ein weißer Pickup nähert sich uns. Aus ihm heraus steigt Mark Dubois – ein schnurrbärtiger Mann mit Sonnenbrille. Er ist einer der Wächter der Reservoirs und seine Familie lebt schon seit Generationen in diesem Gebiet. «Das Haus meines Urgroßvaters lag gleich hier drüben», sagt Mark und zeigt auf einen Punkt in der Mitte des Sees. «Es befindet sich jetzt ungefähr fünfzehn Meter unter Wasser.»

Ja, das Haus von Marks Vorfahren wurde vom Reservoir verschluckt. Damals, 1905, gab es Häuser auf diesem Land. Aber New York wuchs schnell, und die Brunnen in Manhattan waren zu klein und zu kontaminiert, um die Nachfrage nach Trinkwasser zu befriedigen.

Woher sollte man also Wasser bekommen? Die Catskills schienen die ideale Lösung zu sein: Das waldige Gebiet erhält viel Regen, die Höhenlage war hoch genug, sodass die Schwerkraft bei der Leitung des Wassers helfen konnte, und die Bewohner besaßen nicht ausreichend politischen Einfluss, um sich einem solchen Projekt zu widersetzen. Und, was ebenso wichtig ist, das Wasser war «weich», also arm an Kalk, dem lästigen Mineral, das die Rohre verstopft. Die Kalkarmut ist auch der Grund, weshalb New Yorks Wasser so sauber schmeckt, nicht metallisch. «Das ist einer der Gründe, weshalb in New York Bagel und Pizza so gut schmecken», sagt Adam.

Und so wurden hier in den Catskills Dämme gebaut und Felder geflutet. Die Seen begruben elf Gemeinden und deren 32 Friedhöfe unter sich. Unter dem Wasser verschwanden Farmen, Schmieden, Schulen und Geschäfte. Tausende von Ortsansässigen wurden vertrieben und verloren ihre Arbeit. «Für die Menschen, die hier lebten, war das schrecklich», sagt die in den Catskills ansässige Diane Galusha. «Es gibt noch immer Nachwehen von Misstrauen und Bitterkeit.»

Während einer Dürreperiode vor einigen Jahren senkte sich der Wasserstand des Reservoirs so weit ab, dass die Überreste des Hauses von Marks Vorfahren sichtbar wurden. Mark ging zu der Stelle hinaus und fotografierte es. Dabei stand er an der gleichen Stelle wie sein Großvater mit der Pfeife in der Hand auf einem alten Foto. «Tatsächlich an der Stelle zu stehen, war ein großartiges Gefühl. Ich würde es nicht als heiligen Ort bezeichnen, aber es ist nicht weit davon entfernt», sagt er. «Es ist wirklich berührend. Ich erinnere mich immer daran, dass er an dem gleichen Ort gearbeitet hat wie ich. Es heißt, Blut ist dicker als Wasser. Aber ich bin mir da nicht so sicher, ob das für meine Familie gilt. In unserem Erbe ist alles vermischt.»

Mark hegt keinen Groll. Seiner Familie erging es ganz gut. Sein Urgroßvater bekam Arbeit beim Bau des Reservoirs und half, die Backsteine zu schichten.

Aber nicht alle hatten ein solches Glück. Hunderte wurden entwurzelt. Und es ging nicht nur auf Kosten der Vorfahren. Selbst heute noch müssen sich die Bewohner der Catskills äußerst strengen Regeln in der Landwirtschaft unterwerfen. Ihr Ärger wird auf dem Heck ihrer Autos sichtbar: Man sieht hier manchmal Aufkleber mit der Aufschrift «Hilf der New Yorker Wasserversorgung» neben dem Bild eines in das Reservoir pinkelnden Jungen.

Das ist ein Riesenthema, an das ich mich als Teil des Dankbarkeitsprojekts erinnern muss: Mein Wohlbefinden geht oft auf Kosten anderer. Ich profitiere jeden Tag von der Zerschlagung dieser Gemeinden. Ich muss dankbarer für diese Opfer sein.

Adam wurde zum Teil als Friedensstifter angeheuert. Er ist in diesem Gebiet aufgewachsen. «Ich werde noch immer gelegentlich beim Einkauf angepöbelt, wenn ich mein DEP-T-Shirt trage», erzählt mir Adam. Aber er sagt, die Dinge liefen langsam besser. Er versucht, Lösungen zu finden, die für beide Seiten vorteilhaft sind. Dazu zählt etwa, dass ein Lager für Mist angelegt wurde, was gut für die Bauern ist und gut dafür, das Wasser von «organischem Material», wie der Mist euphemistisch genannt wird, frei zu halten.

☕ ☕ ☕

Bei meiner Wasserwertschätzungstour steht als Nächstes der Tunnel an, durch den das Wasser dem Boden entlang zischt und seine Reise gen

Süden antritt. Adam zeigt mir ein Filtergitter von der Größe eines Pizzabodens, das mehrere aufgerollte tote Forellen festhält. Und schließlich führt er mich zu einem Gebäude, wo Wissenschaftler in weißen Kitteln dem Wasser Proben entnehmen, um sicherzugehen, dass es rein ist.

Meine Führerin durch das Labor, Kirsten Askildsen, ist eine Turnschuhe tragende Chemikerin mit langem braunem, in der Mitte gescheiteltem Haar. Sie macht keine Späße. «Ich muss Sie warnen», sagt sie, bevor sie die zum Labor führende Glastür öffnet. «Sie dürfen nichts anrühren. Behalten Sie Ihre Hände bei sich. Wir haben hier Säure, die Sie verbrennen könnte.»

Wir betreten einen hell beleuchteten Raum. Es gibt dort Wasser in allen möglichen nur denkbaren Behältern: kleine Flakons, große Flaschen, Bechergläser, Röhren, Pipetten. Ich entdecke einen Kasten mit Röhrchen, die mit Wasser in den Farbschattierungen von Gatorade-Getränken gefüllt sind. Wir gehen an einem massiven Gefrierschrank mit einem Foto des eisig blickenden Schauspielers Christopher Walken vorbei. «Wie bei einem begehbaren Gefrierschrank», erklärt Kirsten. Wissenschaftler lieben ihre Wortspiele.

Ich bemerke ein Gestell mit langen Glasröhren. Sie sehen irgendwie aus wie eine Sammlung von Wasserpfeifen im Studentenzimmer eines totalen Fans der Rockgruppe Phish.

«Diese verwenden wir, um Wasserproben zu nehmen», erklärt Kirsten.

Jeden Tag waten Teams des DEP in hohen Gummistiefeln in die Reservoire und füllen die Röhren mit Proben – einer Menge von Proben. New Yorks Wasser wird 2,2 Millionen Mal im Jahr getestet.

Sie untersuchen das Wasser auf mehr als zweihundert Substanzen. Die Liste ist lang und klingt etwas besorgniserregend: Koli-Bakterien, Arsen, Silber und natürlich Blei. New York hat Glück gehabt und war wachsam – der Bleianteil ist auf einem historischen Tiefstand, anders als beispielsweise in Flint, Michigan, dessen Bewohner noch immer unter der Krise einer Bleivergiftung leiden.

New York hatte jedoch andere Probleme zu bewältigen. Nach dem Hurrikan Sandy war das Wasser so trübe, dass es wie Yoo-hoo-Schokodrink aussah.

Um unser Wasser vor Mikroorganismen zu schützen, benutzen Kirsten und ihre Kollegen mehrere Waffen, darunter ultraviolette Strahlen und Chlor. Ja, ja, meine Hippie-Tante mag das als eine Verschwörung der Regierung ansehen, aber ich glaube dem CDC, der amerikanischen Gesundheitsbehörde, die sagt, der Zusatz von Chlor zum Trinkwasser sei eine der zehn großen Errungenschaften im Gesundheitswesen des zwanzigsten Jahrhunderts. «Ich liebe das New Yorker Wasser», sagt Kirsten. «Ich bin einmal nach Philadelphia gefahren und konnte das Wasser dort nicht trinken. Es schmeckte für mich nach Gurke.»

Ich könnte glatt eine Woche hier verbringen und tausend Menschen für mein tägliches Wasser danken: den Ventil- und Reglerherstellern, den Wasserwissenschaftlern, die versuchen, die Auswirkungen des Klimawandels zu verringern, den Leuten, die das Gras auf den Dämmen der Reservoire mähen. «Das ist eine harte Arbeit», sagt Adam. «Diese Jungs werden von Bienen gestochen. Sie bekommen die Äste von Sumach-Sträuchern ins Gesicht. Und unweigerlich treten sie auf ein Hornissennest und werden gestochen.»

Ich werde versuchen, ihnen bald zu danken. Jetzt muss ich nach Hause; daher bedanke ich mich bei Kirsten und fahre nach Süden.

Als ich in meine Wohnung zurückkomme, gebe ich den Jungs einen Gutenachtkuss und besprenkele Sheldon, unsere Schildkröte, mit etwas Wasser aus den Catskills. Später am Abend nehme ich eine Dusche – heiß, natürlich. Im Geist schicke ich meinen Dank an die Wasserinspektoren, die an kalten Februartagen in hohen Gummistiefeln in das Reservoir steigen. Sie frieren, damit ich mich wohlfühlen kann.

Ich lege mich ins Bett. Vor Kurzem habe ich einer Freundin von meinem Dankbarkeitsprojekt berichtet, und sie erzählte mir, sie benutze einen Dankbarkeitstrick, um einzuschlafen. Sowie ihr Kopf auf dem Kissen ruht, geht sie das Alphabet durch und denkt für jeden Buchstaben an etwas, wofür sie dankbar ist: A für die Blaubeerpfannkuchen ihres Mannes Andrew, B für Boccia, ihr Lieblingsspiel im Sommer, und so weiter.

Ich schätze, ich sollte das mal versuchen, mich dabei aber ausschließlich auf das Thema Kaffee beschränken:

A steht für Arabica, die geschmackvollere Sorte von Kaffeebohnen, die in Läden wie Joe Coffee und Starbucks verkauft werden. Ich bin den Kaffeezüchtern dankbar, die sie entwickelt haben.

B steht für Bohnensäcke. Danke an jene Menschen in Kolumbien, die diese Säcke für den Transport des Kaffees nach Norden hergestellt haben.

C steht für Customs, die Zöllner. Danke, dass sie meinen Kaffee durchlassen, während sie andere, abhängig machende Drogen aufhalten.

D steht für die Dockarbeiter. Danke für das wöchentliche Ausladen von Tausenden Kilos Kaffee.

Mein Z habe ich schon im Kopf: Ich habe Zip-Loc- Plastiktüten im Lager von Joe Coffee gesehen. Aber ich gelange gar nicht mehr bis Z. Bei M oder N bin ich bereits eingeschlafen.

DER SICHERHEITSDIENST

Danke, dass ich vor dem Sterben bewahrt werde

Heute Morgen habe ich zwei Minuten damit verbracht, Julie eine Liste schrecklicher Krankheiten laut vorzulesen, die ich im Internet gefunden habe.«Ich bin mir ziemlich sicher, dass ich kein Dengue-Fieber habe», sage ich zu Julie. «Das ist schön zu hören.»«Und Flussblindheit habe ich auch nicht.»«Das freut mich für dich.»

Diese Liste ist Teil einer Dankbarkeitsstrategie, die ich ausprobiert habe.

Vor einigen Tagen fing mein Knöchel an, wehzutun, und ich humpelte beim Gehen ein wenig. Ich weiß nicht, woher das gekommen ist. Ich komme allmählich in das Alter, in dem meine Körperbestandteile unter dem, was die Hersteller von Produkten meist «Verschleißerscheinungen» nennen, leiden. Außerdem ist mir aufgefallen, dass mein Körper lauter denn je ist und sich durch Knacken und Knirschen verschiedener Gelenke bemerkbar macht. Wenn ich von meinem Stuhl aufstehe, klingt mein Körper so wie ein klickender Dialekt der !Kung.

Doch statt in meinen Standardklagemodus zu

verfallen, bemühe ich mich, diese minderen Gebrechen zu relativieren. Deshalb lese ich eine Liste mit Krankheiten, die ich nicht habe. Das ist zugegebenermaßen – je nach Ihrer Geisteshaltung – eine riskante Strategie. Wenn Sie zur Hypochondrie neigen, könnten Sie anfangen zu denken: «Mmh, vielleicht habe ich ja doch die Röteln.» Was mich angeht, hat diese Strategie jedoch den gewünschten Effekt. Sie erinnert mich daran, wie viel Glück ich habe, eine relativ gute Gesundheit zu besitzen, zumindest im Augenblick. Es kann sein, dass ich in den kommenden Jahren mit einigen schrecklichen Gebrechen werde zu kämpfen haben. Aber solange ich einigermaßen gesund bin, sollte ich mir dieser erfreulichen Verfassung stärker bewusst sein. Ich muss die Gesundheit in Ehren halten.

Das ist eine Herausforderung. Es ist viel leichter, für eine gute Sache dankbar zu sein, für eine Gehaltserhöhung, ein gutes Essen und Ähnliches, als für das Nichtvorhandensein einer schlechten Sache. Aber beides ist wichtig.

Das wurde neulich verstärkt, als ich bei meinem Freund Will MacAskill vorbeischaute. Will ist ein Ethik-Philosoph in Oxford, den ich für mehrere Artikel interviewt habe. Ich finde, er kann zu nahezu jedem Thema einen interessanten Gesichtspunkt beisteuern. «Wofür bist du dankbar?», frage ich ihn. «Manchmal bin ich einfach dankbar, Arme zu haben.»

Wills Antwort ist merkwürdig, aber sie gefällt mir. Diese von meinem Rumpf abgehenden Glieder sind tatsächlich etwas, wofür man dankbar sein kann. Sie sind ziemlich nützlich. Ich benutze sie, um gerade diesen Satz einzutippen. «Es ist wichtig, für Dinge dankbar zu sein, die dir nicht einmal in den Sinn kommen», riet Will. Es ist schwer, das Vorhandensein von Armen nicht für selbstverständlich zu halten. Aber es lohnt sich.

Wenn Sie diesen Gedankengang bis zu seinem logischen Endpunkt durchdenken, gelangen Sie dahin, dankbar dafür zu sein, dass Sie überhaupt existieren. Noch einmal, das ist keine leichte Aufgabe, insbesondere wenn Sie keine Zeit dafür haben, ein Wochenende lang irgendwo in der Natur einen psychedelischen Trip mit Pilzen zu machen. Aber eine Strategie, die ich hilfreich gefunden habe, ist die des Memento mori, sich der Sterblichkeit bewusst werden.

Ich war schon immer ein Fan des Memento mori, seit ich über seine faszinierende Geschichte gelesen habe. Wenn zu Römischer Zeit ein Triumphzug für einen siegreichen General veranstaltet wurde, stand ein Sklave auf dem Wagen neben ihm und flüsterte ihm ins Ohr, dass er sterblich sei. Erinnerung an die Sterblichkeit war in der Renaissance ebenfalls populär. Viele klassische Gemälde zeigen Schädel oder Zeitmesser im Hintergrund, um den Betrachter an die Flüchtigkeit seiner irdischen Existenz zu erinnern.

Mich haben die Schädel in den alten Gemälden inspiriert, aber mir gefiel die Vorstellung nicht, den ganzen Tag über auf einen makabren Schädelknochen zu starren. Doch vor einigen Jahren stieß ich im Internet auf die Bilddatei eines hellen, fröhlichen psychedelischen Schädels. Ich habe dieses Bild seither in einer Ecke meines Computerbildschirms installiert.

Wenn das Bild funktioniert, erinnert es mich daran, das Leben zu genießen, mich weniger zu stressen und leichter zu vergeben. Ich hasse den Ausdruck YOLO für «You Only Live Once – Du lebst nur einmal», da er leicht als Ausrede dafür herhält, sich wie ein Idiot zu verhalten und, sagen wir, Briefkästen mit einem Baseballschläger zu traktieren. Aber ich glaube an WOLO, «We Only Live Once – Wir leben nur einmal.» Lebe dein Leben in vollen Zügen, solange du andere Menschen dasselbe tun lässt und nicht den US-Postdienst beeinträchtigst.

Nun gut, jetzt aber zurück zum Kaffee – der in der Tat relevant für meine Gedanken über Gesundheit und Tod ist, denn Kaffee ist, anders als die meisten meiner Lieblingsessen und -getränke, für sie nicht schädlich. Einigen Studien zufolge ist er sogar in mancher Hinsicht gesund – ein Umstand, für den ich zutiefst dankbar bin.

Es lassen sich Studien finden, die zeigen, dass Kaffee die Wahrscheinlichkeit von mehreren Arten von Krebs senkt, also Blasen-, Brust-, Prostata- und Leberkrebs, sowie die von Alzheimer. Ich stieß sogar auf eine etwas fragwürdig klingende Studie, die nachwies, dass ein moderater Kaffeegenuss die Selbstmordrate senkt.

Natürlich lassen sich auch Nachteile beim Kaffee finden. Mehr als zwei Tassen am Tag können Schlaflosigkeit verursachen und den Cholesterolspiegel anheben. Es gibt einige noch nicht schlüssige Studien, die nahelegen, dass ein chemisches Element im Kaffee karzinogen sei, was einen übereifrigen Richter in Kalifornien dazu veranlasste, einen Warnhinweis auf den Packungen zu verlangen. Aber ich werde mich an mein Bestätigungsvorurteil halten und weiterhin glauben, dass Kaffee ganz und gar gesund ist.

Ich sollte das allerdings etwas erläutern. Wenn ich sage, Kaffee sei gesund, spreche ich von modernem Kaffee. Der Kaffee, der in den vergangenen Jahrhunderten getrunken wurde –, wie auch vieles andere, was damals als Nahrung und Getränk durchging –, war häufig kontaminiert, gefährlich und einfach nur abscheulich.

Es gibt viele historische Gründe für die Verbesserung des Kaffees, aber ich möchte hier einem Menschen ganz besonders danken, dem britischen Wissenschaftler Arthur Hill Hassall aus dem 19. Jahrhundert. Dem Buch *Terrors of the Table* zufolge, einer wundervollen und gruseligen Studie unserer Essgewohnheiten, war Hassall «ein resoluter Kreuzritter, der schließlich das Blatt wendete» und die Welt für menschliche Mägen sicherer machte.

Hassall begann seine Karriere als Anatom, als ein Virtuose am Mikroskop. Jahrelang waren Hassall und seinen wissenschaftlichen Kollegen Berichte über die Verschmutzung von Nahrungsmitteln zu Ohren gekommen. Es gab oft Ausbrüche von Krankheiten, an denen Kinder nach dem Verzehr von verfaultem Fleisch oder anderen Produkten starben. Also richtete Hassall sein Mikroskop auf das, was in Großbritannien auf den Tisch kam. Er wurde zu einem kulinarischen CSI, und als Erstes knöpfte er sich das vor, was er für den schlimmsten Übeltäter hielt: den Kaffee. Er kaufte insgeheim in vierunddreißig verschiedenen Läden in London Kaffee und legte ihn unter seine Linse. Der Anblick war nicht schön.

Bis auf zwei Sorten waren alle Kaffees verunreinigt. Manche bestanden fast gänzlich aus Verunreinigungen mit nur einer kleinen Prise echten Kaffees. Schließlich waren Kaffeebohnen teuer. Die Ladenbesitzer konnten ihren Profit erhöhen, indem sie billige Füllstoffe beimischten.

Und was waren das für Füllstoffe? Nun, gießen Sie sich eine Tasse relativ reinen Kaffees ein und machen Sie es sich gemütlich. Hier finden Sie Auszüge aus einer Liste von Verunreinigungen, die dem Buch *Uncommon Grounds* zufolge im Kaffee früherer Zeiten gefunden wurden:

Mandeln, Spargelsamen, gebackene Pferdeleber, Gerste, Zuckerrübe, Kleie, Brotkruste, Biertrester, Ziegelsteinstaub, verbrannte Teppiche, Möhren, Kichererbsen, Chicorée, Chrysanthemensamen, Kohleasche, Kakaoschalen, Cranberrys, Johannisbeeren, Löwenzahnwurzel, Dattelsamen, Dreck, Hundekuchen, Holunderbeeren, Feigen, Gewürzgurken, Kastanien, Topinambur, Kolanüsse, Linsen, Malz, Affennüsse, Maulbeeren …

Diese Liste lässt sich noch lange fortsetzen, aber Sie dürften von der Sache nun eine Vorstellung haben. Übrigens, falls Sie sich fragen sollten, was als «Affennüsse» bezeichnet wurde und heute Erdnüsse heißt. stammte von einem südamerikanischen Busch, doch ich bin mir sicher, dass die Kaffeehändler, wenn der Preis gestimmt hätte, munter auch Affenhoden mit eingestreut hätten.

Verfälschte Kaffees konnten gefährlich sein. Ungefähr zur gleichen Zeit, als Hassall die Kaffeegründe Englands inspizierte, gab es in New York einen Skandal. Eine Untersuchung hatte festgestellt, dass Händler Kaffeebohnen niedriger Qualität eingefärbt hatten, damit sie dunkler aussahen. Woraus die Färbung bestand? Aus Arsen und Blei. Wie die New York Times als Überschrift schrieb: «Gift in jeder Tasse Kaffee».

1850 gab Hassall einen Bericht heraus, der «Über die Panscherei von Kaffee» hieß. Er löste damit einen Tumult aus. Und dank seiner Arbeit – und anderer Vorreiter, die Verunreinigungen aller Art in anderen Nahrungsmitteln fanden – handelte das Britische Parlament schließlich. Es erließ 1875 den Sale of Food and Drugs Act. Die amerikanische Regierung folgte kurz darauf und gründete die Behörde, die später die FDA [Food and Drug Administration, die amerikanische Bundesbehörde für Nahrungs- und Arzneimittelüberwachung] werden sollte.

Wieder werde ich daran erinnert, wie dankbar ich sein kann, dass ich 1968 und nicht 1868 geboren bin, denn die gute alte Zeit war so gut denn auch wieder nicht. Ich bin der festen Überzeugung, dass die meiste Nostalgie nach der ruhmreichen Vergangenheit lediglich illusorisches Denken ist. Früher schrieb ich jeden Monat eine Kolumne in einer Zeitschrift darüber, wie schrecklich die vergangenen Jahrhunderte gewesen sind – von Krankheiten heimgesucht, gefährlich, gewalttätig, rassistisch, sexistisch, stinkend, abergläubisch und giftig. Ich schrieb über Nahrung, aber auch über Kindererziehung (Opium-Lutschtabletten zum Beruhigen von Kindern), Kleidung (Korsette für schmale Taillen, welche die Körper der Frauen deformierten) und Arbeit (Nachtmänner im 18. Jahrhundert, die Fäkalien aus den Häusern entsorgten).

Wir stehen heute zweifellos vor großen Herausforderungen, aber die Lösung besteht nicht darin, ins Gestern zurückzukehren. Manchmal, wenn ich mich über etwas besonders ärgere – sagen wir, das Rattern der Klimaanlage –, wiederhole ich einen Begriff der aus drei Wörtern besteht: «Chirurgie ohne Anästhesie». Das ist ein hilfreiches kleines Mantra: Chirurgie ohne Anästhesie. Als ich das erste Mal Berichte aus erster Hand über chirurgische Eingriffe im 18. Jahrhundert gelesen hatte, verfolgte mich das tagelang und ganz sicher hat es mein Wehklagen abgestellt.

Das also ist klar: Ich bin jenen Leuten zu großem Dank verpflichtet, die weiterhin dafür kämpfen, Hundekuchen und Kohlenasche aus meinen Lieblingsgetränken fernzuhalten.

Verschiedene Ämter sorgen für die Sicherheit dessen, was in meinen Mund gelangt, die FDA, das U.S. Customs Department [Zollbehörde], aber ich schätze, ich beginne am besten hier vor Ort mit dem New York Department of Health and Mental Hygiene [Amt für physische und psychische Hygiene]. Ich rufe die stellvertretende Beauftragte, Corinne Schiff, an. «Ich möchte Ihnen dafür danken, dass Sie mein Essen sauber halten», sage ich, als sie den Hörer abhebt. «Oh, das ist schön», antwortet sie.

Corinne hilft, eine Armee an Inspektoren zu organisieren, die sämtliche 24000 Restaurants der Stadt überwachen. Jedes Restaurant bekommt einen Hygienegrad: A, B oder C. Es gibt keinen D-Grad, denn wenn ein Restaurant mehrfach nicht den Vorschriften entspricht, wird es zugesperrt. Die Stadt hat im letzten Jahr rund 500 Restaurants geschlossen.

Mein örtliches Joe Coffee ist ein Musterschüler: Es hat ein großes blaues A-Zertifikat an der Frontscheibe hängen.

Ich frage Corinne, ob es für sie als eine der Top-Sicherheitsexperten in Sachen Nahrung unangenehm ist, bei Freunden zu Hause zu essen. «Ich war auf verschiedenen Dinner-Partys, wo mich die Leute gebeten haben, ihrer Küche einen Grad zu verleihen», sagt Corinne. «Und, haben Sie das getan?» «Nein, ich vergebe keine Grade an Privathaushalte.»

Corinne beichtet, dass ihre eigene Küche möglicherweise nicht den Inspektionen der Stadt standhalten würde. So dürfen zum Beispiel die in der Küche Tätigen ihre Hände nicht im Spülbecken der Küche waschen. Trotzdem meint Corinne, ihre Gewohnheiten in der Küche seien wohl überdurchschnittlich für einen Haushalt. Sie hat an einem Kurs zur Lebensmittelsicherheit teilgenommen, und einige der Lektionen sind bei ihr hängen geblieben. «Ich bin eine gute Händewäscherin», sagt sie. «Ich versuche, auch unter den Fingernägeln zu waschen. Und ich wasche mein Obst sehr gut. Ich wasche selbst die Schale einer Melone.»

Jeden Tag suchen die New Yorker Inspektoren nach Restaurants mit hohem Risiko in Hinsicht auf Bakterien oder Nagetiere. Auf der Website der Gesundheitsbehörde lässt sich eine lange Liste an Regeln finden. Wer genug davon bricht, wird in seinem Grad sinken.

Schneidebretter dürfen beispielsweise keine Einkerbungen oder Rillen haben, denn darin verbergen sich Bakterien. Wischtücher für das Abwischen der Tische müssen häufig in einer desinfizierenden Lösung ausgespült werden. Heißes Essen muss bei 60 Grad Celsius oder mehr warm gehalten werden.

Einige Inspektoren berichten, sie müssten unverzüglich in die Küche eilen, wenn sie ankommen, ohne anfänglichen Small Talk, um sicherzugehen, dass die Belegschaft des Restaurants keine Zeit hat, allfällige Sünden zu vertuschen.

Nach Ansicht von Corinne funktioniert das System. In den letzten zehn Jahren hätten die Zahl der Inspektionen um siebzig Prozent zugenommen, und auf Essen zurückzuführende Krankheiten hätten in diesem Zeitraum stark abgenommen. Salmonellenfälle seien zum Beispiel um die Hälfte zurückgegangen. «Ich habe festgestellt, dass das Bewertungssystem nicht bei allen beliebt ist», sage ich. «Manche Leute in der Restaurantindustrie sind davon nicht gerade begeistert.»

Es gibt eine unangenehme Pause. «Da gab es zum Beispiel diesen Artikel in der *New York Post*», fahre ich fort. Vor einigen Jahren schimpfte die *New York Post* auf ihrer Meinungsseite über die Gesundheitsbehörde als ein Beispiel für einen überfürsorglichen Staat. Wie die Überschrift plärrte, leben wir unter dem «verfaulten Inspektionssystem des Mäusekotbekämpfungs-Ministeriums».

Diese Inspektionen, beschwerte sich damals die *Post*, seien die Machenschaften gieriger Bürokraten – von «Gesundheits-Nazis», wie der Schreiber sie nannte –, die nur darauf aus seien, ihre 45 Millionen Dollar jährlich an Bußgeldern einzutreiben. Die Regeln seien einer «erstklassigen Küche abträglich».

Die *Post* fand einen Haufen hochrangiger ungehaltener Chefs und Restaurantbesitzer als Kommentatoren. Danny Meyer empfahl zum Beispiel seiner Twitter-Gemeinde, «den B-Grad bei einem Sushi-Restaurant zu ignorieren». Er erklärte, dies bedeute lediglich, dass Sushi-Chefs sich weigerten, Gummihandschuhe zu tragen. Das würde ihrer Kunst zuwiderlaufen, und das Latex könnte den subtilen Geschmack des rohen Fisches verderben.

Als ich die *Post* erwähne, reagiert Corinne einige Sekunden lang nicht. Ich kann spüren, wie die Tonlage der Unterhaltung abkühlt. Corinne will sich nicht mit Anti-Inspektions-Eiferern herumschlagen. Sie antwortet nicht direkt, sondern wiederholt einfach, das Ziel der Behörde bestehe darin, dass jedes Restaurant einen A-Grad bekomme.

Nachdem wir aufgelegt haben, schreibe ich der Gesundheitsbehörde eine Mail und frage, ob ich bei einer Inspektion dabei sein dürfe, und danke dem diensthabenden Inspektor. «Wir können Ihrer Anfrage nicht nachkommen», schreibt die Pressebeauftragte zurück.

Bäh! Ich spüre, wie mein Gesicht heiß wird. Ich schreibe eine herablassende Mail an sie, in der ich erkläre, dass dies genau der Grund sei, weshalb die Leute die Regierung hassten. Ihre Geheimnistuerei sei dumm und kontraproduktiv. «Sie sollten sich ein Beispiel an der EPA nehmen, die mir eine Besichtigungstour der Wasserreservoirs genehmigte.»

Bevor ich meine Mail abschicke, fange ich mich wieder. Ist das eine gute Verwendung meines Ärgers? Es ist offensichtlich, dass ich noch eine weite Strecke vor mir habe auf meinem Weg ins Dankbarkeits-Nirwana. Ich bin noch immer mehr als die Hälfte der Zeit irritiert. So eine kleine Ablehnung sollte mich nicht in einen Wutanfall stürzen.

Ich lösche meine E-Mail, denke aber immer noch, dass die Pressebeauftragte einen Fehler gemacht hat. Im Gegensatz zur *Post*, habe ich nichts gegen das Mäusekotbekämpfungs-Ministerium. Ich bin ihm dankbar. Ich denke, der Staat sollte seine Bürger ruhig etwas bemuttern, solange die Fürsorge rational bleibt und nicht über ihr Ziel hinausschießt.

Meine Gedanken darüber kristallisierten sich vor ein paar Tagen, als ein Freund mir einen Essay mit dem Titel «Ich, der Bleistift» schickte, der 1957 von einem libertären Gelehrten namens Leonard E. Read verfasst wurde.

Als ich den Essay zu lesen begann, war ich beunruhigt darüber, wie sehr dies meinem Kaffeeprojekt glich – allerdings frei von Dankbarkeit und Koffein. In der ersten Person Singular aus der Perspektive eines Bleistifts geschrieben, führt der Essay die Arbeit der vielen Menschen und die Rohmaterialien auf, die dazu nötig sind, um einen Bleistift herzustellen. Die Zedern für das Holz. Das Gummi für den Radiergummi. «Denk nur an all die tausend um tausend Fertigkeiten … die Förderung von Erz, die Herstellung von Stahl und seine Verfeinerung in Form von Sägen, Äxten, Motoren; die Holzfällerlager mit ihren Betten und Kantinen.»

Meine erste Reaktion war: «Hey! Dieser Autor hat irgendwie retroaktiv meine Idee geklaut.»

Und es stimmt, in gewisser Weise sind sich unsere Projekte sehr ähnlich. Doch bald darauf wurde mir klar, dass unsere Einsichten auf der anderen Seite weit auseinandergehen.

Die Hauptthese von «Ich, der Bleistift» besteht darin, dass es nur wenig oder gar keine staatliche Einmischung in die glatten Abläufe der kapitalistischen Maschinerie geben sollte. Der Essay ist eine Ode an die freie Marktwirtschaft. Das Vorwort ist von niemand anderem als dem Laissez-Faire Superhelden Milton Friedman verfasst worden. Friedman schreibt: «Wirtschaft kann nur sehr schwer ‹geplant› werden, wenn kein einzelner Mensch alles Wissen und die Fertigkeiten besitzt, einen einfachen Bleistift herzustellen … Wenn Sie sich des Wunderbaren, das ein Bleistift symbolisiert, bewusst werden, können Sie helfen, die Freiheit zu bewahren, welche die Menschheit zur Zeit unglücklicherweise gerade verliert.» «Ich, der Bleistift» argumentiert also, dass man verstehen wird, weshalb der Staat sich nicht einmischen sollte, wenn man ein Produkt bis auf seine verschiedenen Ursprünge zurückverfolgt. Doch ich hatte die gegenteilige Reaktion. Ich fand, dass das Zurückverfolgen der Ursprünge eines Bleistifts oder einer Tasse Kaffees zeigt, dass wir intelligente, visionäre Politiker brauchen, die uns unterstützen.

Ich glaube an den Kapitalismus – ich denke, er ist die beste Weise, eine Gesellschaft zu strukturieren, die wir bislang gefunden haben. Aber ich halte nichts von einem Laissez-Faire-Liberalismus. Ich glaube, wir brauchen ordnende Regeln. Ich bin für ein Über-Ich, welches das Es des Marktes kontrolliert. Ich bin für langfristiges Denken, welches die Gier der Aktionäre nach sofortigen Profiten ausbalanciert. Ich denke, wir brauchen eine Infrastruktur, die uns dazu verhilft, dass der Bleistift und der Kaffee sicher in unsere Hände gelangen. Und ich denke, wir brauchen hochrangige Koordination, damit unsere Kinder kein mit Bleifarbe bestrichenes Spielzeug in die Hände bekommen, damit wir keine Salmonellensteaks essen und wir unsere Spezies nicht wegen des unmäßigen Verbrauchs fossiler Brennstoffe durch Überwärmung auslöschen.

Verstehen Sie mich nicht falsch! Ich glaube, es gibt viel Spielraum für Verbesserungen im Staat. Ich bin gewiss kein Anhänger der derzeitigen Regierung. Und vieles der derzeitigen Regulierung ist obskur, veraltet und irrational – vielleicht einschließlich einiger Vorschriften für Restaurants.

Aber wir brauchen den Staat, und so danke ich der amerikanischen Regierung und dem Prinzip des friedlichen Machtwechsels. Das ist erstaunlich, und ich habe dies nie anerkannt. Daher danke ich für die Existenz unseres mit Mängeln behafteten, jedoch edlen politischen Systems der Gewaltenteilung in den USA.

DIE LOGISTIKER

Danke für das weltweite Schleppen meines Kaffees

Das Café von Joe Coffee ist weniger als vier Minuten Fußweg von meinem Apartment entfernt. Ich gehe vier Blocks weit an einem Feinkostladen und an einem Friseursalon vorbei.

Die Reise des Kaffees zu Joe Coffee ist etwas beschwerlicher. «Es wirft mich immer wieder um, wenn ich an die Entfernungen denke, die eine Kaffeebohne zurücklegt, bis sie in meiner Tasse landet», sagte Ed neulich.

Zu dem Zeitpunkt, da ich meinen ersten Schluck nehme, hat die Bohne eine neunmonatige Reise von gut 4000 Kilometern über den Äquator hinter sich gebracht. Sie ist auf Motorrädern, Lkw, Booten, Kleinlieferwagen, Paletten, Schultern und Gabelstaplern gereist. Sie wurde in Eimern, Säcken, Kübeln und Metallcontainern von der Größe einer kleinen Wohnung gelagert. Sie ist von einem Baum gekommen, wurde von einem Berg herunter transportiert, ist in Häfen angelandet, hat den Zoll passiert, ist in Lagerhallen geladen und auf Tiefladern herumgerattert worden.

Sie ist wie eine winzige von Koffein aufgeputschte Teilnehmerin der amerikanischen Reality-Fernsehshow *Amazing Race*.

Es wird nicht einfach sein, aber ich muss den vielen, vielen Menschen danken, die meine Kaffeebohne zu mir transportieren.

Ich fange mit den Lkw-Fahrern an. Ich fahre mit einem Leihwagen nach New Jersey, wobei ich an der Thomas-Edison-Raststätte vorbeikomme, was mich daran erinnert, Edison für seine Glühbirnen bei Joe Coffee zu danken, auch wenn er ein ziemlicher Schuft war und seinen Erfinderkollegen Nikola Tesla übers Ohr haute. Dann bog ich auf einen riesigen Parkplatz in der Stadt Clifton ein.

Dies ist die Heimat von Accurate Logistics, einem Unternehmen, das eine Flotte von mehreren Dutzend Sattelschleppern besitzt, von denen die meisten gerade irgendwo auf den Straßen unterwegs sind. Die Lkw transportieren die Kaffeebohnen für Joe Coffee vom Hafen in die Lagerhäuser in New Jersey. Auf dem Parkplatz treffe ich mich mit Kenny Monaco, dem Vizepräsidenten von Accurate, der aus New Jersey stammt.«Danke», sage ich zu Kenny. »Ich wollte Ihnen nur meine Anerkennung aussprechen, weil ich ohne Sie nicht meinen morgendlichen Becher Kaffee trinken könnte.» «Das ist drollig, dass Sie das sagen», entgegnet Kenny, «denn ich habe Leute in Kaufhäuser gehen und fragen sehen: ‹Haben Sie Mikrowellenherde?› Und der Typ im Laden sagte: ‹Ja, wir haben hinten noch welche.› Doch diese Mikrowellenherde sind nicht einfach auf magische Weise hinten im Lager aufgetaucht. Jemand hat sie dorthin geliefert – und das waren wir. Es ist schön, wenn das jemand anerkennt.»

Kenny transportiert nicht allzu viele Küchenmaschinen. Sein Unternehmen ist auf Kaffee und Bodenfliesen spezialisiert. Aber es ist klar, was er meint.

Abgesehen von einer kurzfristigen Besessenheit für Baumaschinen-Spielzeug im Alter von sieben Jahren, habe ich Laster den Großteil meines Lebens als Belästigung empfunden. Sie sind laut und sie stinken. Sie wecken mich morgens auf. Wenn ich auf dem Highway fahre, machen mich Lkw entweder ärgerlich – «Warum hänge ich hinter diesem Metallkoloss fest, der die Steigung hinaufkriecht?» – oder ängstlich – «Wann wird dieser Lkw von seiner Spur auf meine abkommen und mich in den Graben drängen?».

Aber bei meiner Fahrt nach New Jersey habe ich heute versucht, meine Sichtweise zu ändern. Wenn ich meinen Kaffee genießen will – oder meine Erdbeeren oder mein Spiralnotizbuch oder mein Backgammon-Set –, dann muss ich aufhören, so engstirnig zu sein. Ich kann nicht das eine ohne das andere bekommen. Ich muss dankbar sein, dass es Lkw und Lkw-Fahrer gibt – zumindest so lange, bis Amazon-Drohnen sie ablösen.

Ich sage Kenny, dass ich versuche, meine Sichtweise zu ändern. Er nickt. «Sie kennen sicher den Autoaufkleber ‹Ohne Lkw bleibt Amerika auf der Strecke›», sagt er. «Das stimmt.»

☕ ☕ ☕

Ich verlasse das Lkw-Depot und fahre eine halbe Stunde weiter zu einem riesigen beigen rechteckigen Gebäude, dem Continental Terminals Kaffeelager. «Danke für meinen Kaffee. Und danke, dass Sie mich empfangen», sage ich zum Manager des Lagerhauses, Andy Turkowitz, als ich ihn im Kundenbüro begrüße. «Wollen Sie hineingehen?», fragt er.

Andy öffnet eine Stahltür, und wir gehen hindurch. Das Nächste, was ich sage – und so hat es mein Audiorecorder aufgezeichnet –… ist Folgendes: «Ach du heilige Scheiße! Das ist ja der Wahnsinn!»

Worauf ich reagiere, ist die schiere Menge an Kaffee in meinem Blickfeld. Stellen Sie sich einen Jutesack mit siebzig Kilogramm Kaffeebohnen vor. Und jetzt stellen Sie sich eine Fläche von vier Football-Feldern vor, auf der solche Säcke viereinhalb Meter hoch aufgestapelt liegen. Die Aufschriften auf den Säcken zeigen, dass der Kaffee aus Ecuador, Neuseeland, Äthiopien … und vielen weiteren Ländern stammt.

Später stelle ich einige Berechnungen an: Die Lagerhalle enthält 470 000 Säcke Kaffee, jeder mit ungefähr siebzig Kilo Kaffeebohnen. Wenn Sie jede Bohne dieser Lagerhalle aufbrühen, erhalten Sie drei Milliarden Tassen Kaffee. Das reicht, um das gesamte New Yorker Polizeidepartment für dreihundert Jahre mit Kaffee zu versorgen.

Diese Lagerhalle ist einer der wichtigsten Anlaufpunkte auf meiner Reise von der Kaffeebohne bis zu meiner Tasse. Die Bohnen reisen per Schiff aus Kolumbien an, treffen im Hafen von New Jersey ein und werden in diese Lagerhalle transportiert, wo sie einige Monate ruhen, bis sie an die Rösterei in Brooklyn geliefert werden. «Kommen Sie hier entlang», sagt Andy und führt mich einen Gang zwischen den Stapeln entlang. Ein piepender Gabelstapler kommt auf uns zu und wir suchen hinter einem Stapel Säcke Deckung. «Lassen Sie sich nicht überfahren, bevor Sie dazu kommen, Ihr Buch zu schreiben», sagt Andy.

In der Lagerhalle ist es laut, und das nicht nur wegen der piependen Gabelstapler. Es gibt Ventilatoren mit Rotorblättern in der Größe von Surfbrettern und Lkw, die mit donnernden Motoren in Buchten einparken.

Und der Geruch ist überwältigend. Ich konnte den Kaffee in meinem Auto bei geschlossenen Fenstern bereits riechen, obwohl ich noch einige Blocks entfernt war. «Sie haben Glück, dass Sie kein Buch über Schokolade schreiben», erzählt mir Andy. «Der Geruch in einem Kakaolager würde Ihnen die Tränen in die Augen treiben.»

Im Kaffeelager arbeiten ungefähr 35 Leute, zumeist Männer: Einige zerren die Säcke auf Paletten. Manche kehren Hügel an verstreuten Kaffeebohnen vom Boden auf. Manche umwickeln die Kaffeeladungen mit durchsichtigem Plastik. Einige wiegen Säcke auf einer Waage, die so groß ist wie meine Küche.

Was sie hier nicht tun, ist Kaffee trinken. Andy entschuldigt sich, dass er mir keinen Kaffee anbieten kann; ihre Kaffeemaschine befinde sich in einer anderen Lagerhalle, während hier die Büros umgebaut würden. Kaffee, Kaffee all überall, aber kein einziger Schluck Kaffee zum Trinken.

Andy hat braunes Haar und trägt ein kurzärmeliges weißes Hemd. Er ist in Brooklyn geboren als Sohn eines Apothekers. Sein Großvater war ein enger Freund des Gangsters Meyer Lansky. Ich entscheide mich, dazu nicht nach weiteren Details zu fragen. Einer von Andys ersten Jobs war das Leeren der Münzen von Münzautomaten für Süßigkeiten.

Er liebt es, andere aufzuziehen. «Wann hast du hier nochmal angefangen zu arbeiten?», fragt er einen grauhaarigen Mann, der als Gabelstaplerfahrer arbeitet. «Wann war das noch? 1850?»

Er erinnert mich an einen schlankeren, zeitgenössischen entfernten Verwandten von Fred Feuerstein. Wenn ich ein Adjektiv für ihn aussuchen müsste, würde ich sagen, er sei heimgesucht. Er scheint das beinahe zu genießen.

Er ist heimgesucht von verbockten Bestellungen. «Hast du diesen Sonderauftrag bekommen, den ich dir geschickt habe?», fragt er einen seiner Vertreter übers Handy, während wir gehen. «Das muss unbedingt raus, Kumpel, denn [Name ausgelassen] hat Scheiße gebaut.»

Er ist ebenfalls heimgesucht von schlampiger Arbeit. «Sehen Sie diese Säcke? Die sind nicht richtig aufgestapelt.» Er zeigt auf einen Stapel Säcke, der gefährlich nah dran ist zu kollabieren wie ein gigantisches Geschicklichkeitsspiel mit Holzklötzchen. Er stößt einen Sack nach links, um den Stapel zu stabilisieren.

Er ist von Verkäufern heimgesucht. «Ich befinde mich in einem Heiligen Krieg mit dem Gabelstapler-Unternehmen.»

Er ist von der Bedrohung durch Schädlinge heimgesucht. «Motten sind ein Problem. Wir haben dieses Dingens, das Pheromone abgibt.» Er zeigt auf einen kleinen weißen Kasten an der Wand. «Das macht die Motten homosexuell, sodass sie sich nicht fortpflanzen.» Ich schlage das später nach. So funktioniert das tatsächlich.

Und er wird heimgesucht von bestimmten Klienten, die manchmal ziemlich lästig sein können.

Zum Beispiel die Kunden für Spezialkaffees – nicht die großen Ketten, die leicht zu bedienen sind, da sie nur einen Stapel derselben Säcke haben wollen. Die Einkäufer von Spezialitätenkaffee gehen mit einer Liste durch das Lager. «Sie nehmen sich Säcke, wie Sie es im Lebensmittelladen machen würden, einen hiervon und einen davon. Und wir dürfen keine Haken benutzen, um die Säcke zu bewegen, weil sie Angst haben, dass wir mit den Haken die Säcke durchlöchern könnten. Also muss man sie per Hand bewegen. Das treibt mich zum Wahnsinn.»

Andy glaubt, wir könnten uns im Grunde in einer Spezialkaffee-Blase befinden. «Ich denke, Spezialkaffee ist so etwas wie Traumfänger oder Pet Rocks, jene Kieselsteine in einem Strohnest, die zwar völlig nutzlos sind, sich aber phänomenal erfolgreich verkaufen liessen. Denn wie viele kleine Läden für Spezialitäten-Kaffees kann es noch geben?»

Ich frage Andy, ob es ein gutes Gefühl für ihn ist, dass der Kaffee in seinem Lager Millionen von Menschen erfreut. Andy sieht mich mit gerunzelter Stirn an, so als würde ich ihn fragen, ob er Freude daran hätte, wie ein buddhistischer Mönch zehn Stunden am Tag zu meditieren. «Gut, lassen Sie mich folgendermaßen fragen», sage ich. «Wofür sind Sie dankbar?» «Für meinen Gehaltsscheck am Monatsende», sagt er lachend.

O. k., Andy ist also kein sentimentaler Typ.

Als Andy und ich durch die Gänge gehen, rufe ich den anderen im Lager Arbeitenden Danke zu. «Danke für meinen Kaffee!»

Der Mitarbeiter, der den Boden kehrt, nickt mir zu. Der Bursche, der die Säcke in Plastik hüllt, zeigt mir Daumen hoch. Der Typ, der die Container belädt, sieht mich mit hochgezogenen Augenbrauen an. Ein Gabelstaplerfahrer fragt mich: «Hey, wollen Sie meinen Job mal eine Weile übernehmen?» Ich blicke Andy um Erlaubnis bittend an. Er schüttelt den Kopf. Vergiss es. Aus Versicherungsgründen.

☕ ☕ ☕

Als ich nach Hause komme, richte ich meine Aufmerksamkeit auf Paletten. Sowohl im Lager als auch beim Lkw-Depot habe ich Dutzende von Paletten gesehen, jene Holzpodeste von der Größe eines Tischfußball-Tisches. Die Kaffeesäcke werden auf Paletten geladen und die Paletten wiederum auf die Lkw oder Schiffe.

Ich habe nie viele Gedanken an Paletten verschwendet, daher beschloss ich, dazu ein wenig Recherche zu betreiben. Es stellt sich heraus, dass sie eine große Sache sind. Vor einigen Jahren publizierte das Online-Magazin *Slate* einen Artikel mit der folgenden Überschrift: «Das wichtigste Objekt in der globalen Ökonomie», was zu den fünfzig am stärksten übertriebenen Titeln zum Thema Logistik überhaupt zählt. Aber es ist ein guter Artikel, und die Kernaussage ist richtig: Paletten bewegen alles. Wenn Sie die Papierausgabe dieses Buches lesen, ist es wahrscheinlich auf Paletten transportiert worden. Wenn Sie das Buch auf einem Smartphone oder Computer lesen, wurden diese ebenfalls auf Paletten transportiert. Die Hosen oder Röcke, die Sie tragen, waren auf Paletten. Die Zahnpasta und das Spülmittel, die Sie heute Morgen benutzt haben, waren ebenfalls Passagiere auf Paletten.

Tom Vanderbilt, der den Slate-Artikel geschrieben hat, stellt es so dar: «Dafür, dass sie ein unsichtbares Objekt sind, sind Paletten überall: Es heißt, es zirkulierten Milliarden davon auf den weltweiten Versorgungswegen. Etwa achtzig Prozent des US-Handels wird mit Paletten abgewickelt. Ihre Verwendung ist so verbreitet, dass sie Schätzungen zufolge mehr als 46 Prozent der amerikanischen Hartholzproduktion beanspruchen.»

Paletten ersparen jeden Tag Milliarden an Arbeitsstunden. Sie sind so konstruiert, dass Gabelstapler sie aufnehmen und all die Handelsware auf einmal ohne auszuladen bewegen können. Und Paletten passen genau nebeneinander in Lkw und Lagerhallen, wodurch der Lagerraum optimal genutzt wird.

Paletten werden sogar als Kriegshelden betrachtet. Im Zweiten Weltkrieg verwendeten die Alliierten diese neue Technologie, um Nahrung und Munition um die Welt zu verfrachten. Also, Danke, ihr Paletten, dass ihr die Demokratie gerettet habt.

Ich habe den Namen auf einer der Paletten, die ich in der Lagerhalle entdeckt hatte, aufgeschrieben. Sie wurde von einer in New Jersey ansässigen Firma hergestellt, die Jimenez Pallets heißt. Ich wähle die Telefonnummer. «Ist Rafael Jimenez dort?», frage ich. «Ja, das bin ich.» Er hat einen starken Latino-Akzent. «Oh toll. Ich möchte Ihnen danken.» «Wofür?» «Ich bin Schriftsteller und ich danke jedem, der dazu beigetragen hat, meinen täglichen Becher Kaffee Realität werden zu lassen. Ihre Paletten transportieren meinen Kaffee. Deshalb Danke.» «Keine Ursache», sagt er.

Er klingt müde. Ich frage mich, ob ich hilfreich bin oder einfach nur aufdringlich. «Darf ich Sie etwas fragen mit der Bitte um eine ehrliche Antwort? Gefällt es Ihnen, dass man Ihnen dankt, oder ist es nur eine Zeitverschwendung mitten in Ihrem Arbeitstag?», frage ich. Mit einem Mal kommt Rafael in Schwung. «Sie vergeuden niemals meine Zeit.» «Oh, das ist schön zu hören.» «Sie sind ein wundervoller Mensch. Ich freue mich sehr, dass Sie sich die Zeit nehmen, Kontakt aufzunehmen und mir zu danken.»

Er scheint wirklich glücklich zu sein, oder aber er ist als Schauspieler genauso talentiert wie als Palettenbauer.

Als Nächstes rufe ich Parkway Pest Services an, welche Schädlinge aus der Kaffee-Lagerhalle fernhalten. Eine Frau antwortet. «Das mag vielleicht seltsam klingen, aber ich möchte Ihnen danken.» Eine lange Pause entsteht. «O. k., ich werde Sie anhören.» Ich erkläre mein Projekt und ende mit «Deshalb danke ich Ihnen». «Allerdings», gluckst sie. «Schön, dass wir helfen konnten.» «Ja, ich habe niemals Käfer oder Mäuse in meinem Kaffee gefunden. Danke dafür.» «Ich bin echt froh, dass Sie niemals Käfer oder Mäuse in Ihrem Kaffee gefunden haben. Und danke Ihnen. Sie haben meinen Tag bereichert. Sie haben mir ein Lächeln ins Gesicht gezaubert.»

Ich lege auf. Ich bin in Hochstimmung.

Irgendwie grauste mir vor diesen Anrufen. Aber eigentlich röten sich meine Wangen gerade ganz nett. Es ist so, als machte man so etwas wie einen Anti-Scherzanruf, also genau das Gegenteil von dem, was ich in der Schule mit meinen Freunden getan habe. Ganz davon zu schweigen, dass diese Telefonanrufe meine Gesamtsumme in die Höhe treiben. Ich bin jetzt bei 526 Dankeschön.

Da ich gerade in Fahrt bin, beschließe ich, die Holzfirma anzurufen, die das Holz für die Paletten liefert. Ich rufe Rafael noch einmal an, um zu fragen, woher er sein Holz bezieht. «Ich arbeite gerade. Ich schreibe Ihnen später eine Mail», sagt er knapp und legt auf.

O. k., ich glaube, jetzt verschwende ich wirklich seine Zeit. Es kommt niemals eine Mail von ihm.

Am nächsten Tag treffe ich mich zum Mittagessen mit meinem Freund Brian und erzähle ihm, dass ich eifrig allen Leuten danke, die meinen Kaffee transportiert haben. «Weißt du, so wie die Arbeiter in den Docks und die Lkw-Fahrer», sage ich.

Brian antwortet: «Wirst du auch den Drogenhändlern danken, die den Lkw-Fahrern Crystal Meth verkaufen, damit sie die ganze Nacht durchfahren können?»

Peng. Brians Kommentar mag zwar eher flapsig sein, aber er bleibt mir im Gedächtnis hängen. Er wirft ein interessantes Problem auf. Nicht jeder, der mir zu meinem Kaffee verhilft, ist ein guter Mensch. Oder zumindest agiert nicht jeder auf eine Weise, die gut für die Welt ist. Manche richten großen Schaden an und verursachen großes Leid: Es gibt wahrscheinlich Vorarbeiter, die ihre Männer schikanieren. Es gibt sicherlich korrupte Bürokraten. Da gibt es Führungskräfte bei Exxon, die den Treibstoff für die Lkw von Accurate Logistics liefern, deren

Streben nach jährlichem Profit jedoch unsere Atmosphäre vergiftet und dazu beiträgt, unseren Planeten zu grillen und das Leben aller Urgroßenkel, die ich vielleicht haben werde, zu gefährden.

Verdient also auch der Firmenchef von Exxon meinen Dank? Ich bin mir da nicht sicher. Ich beschließe, dem Psychologen Scott Barry Kaufman, meinem Dankbarkeitsexperten, eine E-Mail zu schreiben. Er antwortet am selben Tag: «Was für ein faszinierendes Rätsel! Ich wünschte, meine Vorlesung wäre noch nicht zu Ende, denn sonst hätte ich mit diesem Rätsel meine Studenten auf Trab gebracht. Ich glaube, die Antwort auf Ihre Frage ist ähnlich wie die auf die Frage: Wie kann ich Mitgefühl und Liebende Güte für meine Feinde empfinden? Ich glaube, Sie können dankbar dafür sein, dass Ihnen jemand geholfen hat, während Sie ihm gleichzeitig wünschen, dass sein Leiden abnimmt. Wenn der Firmenchef von Exxon zum Beispiel einige seiner Unsicherheiten und Vermeidungsstrategien unter Kontrolle bekäme, wäre er weniger durch Gier und Profit und mehr für Wachstum und Menschlichkeit motiviert. In einer solchen Situation würde sein eigenes Leiden abnehmen und die Welt würde zu einem besseren Ort werden. Zwei Fliegen mit einer Klappe.»

Mir gefällt Scotts mitfühlende Berücksichtigung der geplagten Seele des Firmenchefs von Exxon, aber ich frage mich, ob er diesem nicht zu viel Potenzial zur Selbsttransformation zuschreibt. Ich entscheide mich für eine Mischung aus Dankbarkeit und Aktivismus. So rufe ich die Exxon-Website auf und schreibe ein E-Mail:

Lieber Herr Darren Woods, CEO von Exxon,

Danke für das Liefern von Treibstoff, der die Lkw antreibt, die mir meinen Kaffee bringen. Ich weiß, dass Sie und Ihre Angestellten sehr hart arbeiten.

Ich liebe Kaffee. Ich hoffe, ihn noch recht lange trinken zu können. Ich hoffe, dass der Klimawandel, der durch die Überabhängigkeit der heutigen Welt von fossilen Treibstoffen verursacht wird, unseren Planeten nicht verwüstet und es verunmöglicht, auch in Zukunft Kaffee anzubauen. Ich hoffe, wir werden uns erheblich stärker alternativen Energien zuwenden als wir es jetzt tun.

So oder so danke ich Ihnen dafür, dass ich meinen Kaffee bekomme! Er ist köstlich.

Mit besten Grüßen
A. J. Jacobs

Als ich auf Senden drücke, realisiere ich, dass ich wohl gerade die stärkste passiv-aggressive Dankesmail in der Geschichte geschrieben habe. Vielen Dank, und jetzt verändern Sie sich bitte. Ich warte noch immer auf eine Antwort.

DIE ROHSTOFFLIEFERANTEN

DANKE FÜR DIE BESCHAFFUNG DES ROHMATERIALS

Exxon-Öl ist natürlich nur eines von Dutzenden von Rohmaterialien, die es braucht, um meinen Kaffee herbeizuzaubern. Man braucht Holz für den Pappbecher, Gummi für die Reifen der Lkw, Kupfer für die Drähte in den Röstern.

Ein Großteil des Materials wird von Unternehmen wie Exxon aus der Erde gefördert, für die das Wohlergehen der Menschheit sicher nicht an erster Stelle steht. Es geschehen viele dubiose und kurzsichtige Dinge im Streben nach Quartalsprofiten.

Aber diese Unternehmen beschäftigen auch Tausende hart arbeitender Angestellten, die einfach versuchen, ehrlich ihr Brot zu erwerben. Jenen Menschen gilt mein Dank, was der Grund ist, weshalb ich nach Burns Harbor im Bundesstaat Indiana gefahren bin, um die größte noch im Betrieb befindliche Stahlhütte in den Vereinigten Staaten zu besuchen. Im Empfangsbereich händigt man mir die erforderliche Schutzkleidung aus: einen Helm, einen feuerabweisenden Mantel, Ohrstöpsel und ein Paar weißer Handschuhe. «Diese Handschuhe werden heute Abend schwarz sein», sagt Larry, mein mir zugewiesener Führer. «Sie werden uns helfen, die Geländer hier in der Umgebung zu reinigen.»

Larry ist ein großer, grauhaariger Mann mit einem schallenden Lachen, langen Schritten und einer amerikanischen Flagge als Aufkleber auf seinem Helm. Er hat sein Leben lang in der Stahlbranche gearbeitet, so wie schon sein Vater und sein Großvater.

Wie Larry sagt, ist Stahl in unserem Leben praktisch überall anzutreffen. Von der Wiege bis zur Bahre. Als ich geboren war, wurde ich auf einer Waage aus Stahl gewogen. Wenn ich sterbe, werde ich wahrscheinlich in einem mit Stahlbeschlägen versehenen Sarg begraben werden.

Und meinen Kaffee würde es ohne Stahl nicht geben. Die Schiffe, Züge und Lastwagen, welche die Bohnen befördern, sind aus Stahl gefertigt, ebenso wie die Stopp-Schilder, Brücken und Docks auf ihren Wegen. Stahl steckt in den Kaffeeschaufeln und Kaffeeröstmaschinen, in den Kühlschränken und Löffeln. Die Inhaber dieses Werks, das luxemburgisch-indische Unternehmen ArcelorMittal, produzieren am laufenden Band Stahl, wie er sich in praktisch jedem Fahrzeug auf der Straße finden lässt, sodass er gewiss eine Rolle für mein Morgengetränk spielt.

Einer von Larrys Kollegen gibt mir noch einige weise Worte mit auf den Weg. «In einem Stahlwerk sollten Sie niemals rennen. Es sei denn, Larry rennt; dann rennen Sie besser richtig schnell.»

Wir fahren auf Wegen voller Pfützen, welche die vielen Gebäude des Werks verbinden, und ich staune über die Ausmaße der Anlage. Wir fahren an schwarzen Kohlehügeln vorbei und an einem Feld mit Hunderten von Stahlrollen, die aussehen wie riesige Rollen von Klebeband. Wir betreten ein enorm großes Gebäude mit einem großen Kran, der einen riesigen Kübel von der Größe meines Schlafzimmers hebt. Der Kübel ist mit einer glühenden orangefarbenen Stahlsuppe gefüllt, die, wenn er gekippt wird, in einen Hochofen gleitet. «So füllen wir den Kaffee in den Becher», sagt Larry.

Ich werde nicht in alle technischen Details gehen, und das hauptsächlich, weil ich sie nicht verstanden habe, aber das Grundrezept für Stahl ist: Man nehme Eisenerzpellets, die aus Minnesota hierher verfrachtet worden sind, vermische sie mit Kalkstein, Sinter und Koks, und erhitze das Ganze auf über 4000 Grad.

Der Stahl wird so heiß, dass es Spezialziegel braucht, um ihn zu halten, Ziegel, die übrigens aus China importiert werden. Ist der Stahl abgekühlt, wird er gewalzt und in Platten oder in Bänder geschnitten und an die Hersteller von Autos oder Geschirrspülern verschickt.

In den nächsten sechs Stunden werde ich von Sinneseindrücken überflutet. Ich sehe Funkenregen und Wassergeysire. Ich höre das Rattern und Scheppern, als eine Reihe glühender Rechtecke aus Stahl – jedes so groß wie eine Kingsize-Matratze –, auf das Laufband herunterpoltern. Ich sehe am Hochofen arbeitende Männer, die in so etwas wie weiße Raumanzüge gekleidet sind, als seien sie einem Sciencefiction-Film der 1950er-Jahre entsprungen. Ich begegne einer Frau, deren ganze Aufgabe darin besteht, acht Stunden am Tag auf ein an ihr vorüberziehendes Rollband von Stahl zu blicken, um auf Fehler und unregelmäßige Stellen im Metallfluss zu achten.

In der Mittagspause führt mich Larry in einen Konferenzraum mit einem Tablett voller Sandwiches in der Mitte des Tisches. Ich hatte gefragt, ob ich einigen der Stahlwerker persönlich danken dürfte, und drei von ihnen waren einverstanden, mich zu treffen. Da ist Joe Sirokie, ein stämmiger Typ für Wartungs- und Instandhaltungsarbeiten, der bereits seit zweiundvierzig Jahren in dem Werk tätig ist; Pat Fischer, ein Elektriker mit einem grauen Bart und einem kariertem Hemd, der vor dreiundvierzig Jahren hier anfing; und Shannon Duncan, eine Kranführerin. «Wie lange arbeiten Sie schon hier, Shannon?», frage ich. «Seit zwanzig Jahren», sagt sie. «Grünschnabel!», sagt Pat lachend. «Ja, ich bin noch grün hinter den Ohren», sagt Shannon.

Shannon hat schulterlanges braunes Haar und trägt Jeans und hellbraune Arbeitsstiefel. Sie war früher Zahnarzthelferin und lebt mit ihrem Mann und vier Deutschen Schäferhunden zusammen.

Ich frage Shannon nach ihrer Arbeit. Sie verbringt ihre Tage damit, in der Führerkabine des an der Wand angebrachten Krans zu sitzen. Um die fünfundfünfzig Kilotonnen schweren Coils zu heben, operiert Shannon mit drei Kontrollkästen – zwei für den Kran und einer zum Heben und Senken des Hakens. «Das ist eine Menge Multitasking», sagt sie.

Je nach Tag reicht das Spektrum bei der Arbeit in der Hütte von Frieren bis Schwitzen. Es kann so heiß werden, dass man hier ein Abendessen kochen könnte, was nicht als Metapher gemeint ist. «Einmal haben wir den Truthahn für Thanksgiving in einer Stahlbandrolle gebraten», sagt Shannon. «Er kam kirschrot wieder heraus. Und tatsächlich hat er ziemlich gut geschmeckt.»

Überraschend ist, dass es im Stahlwerk oft nach Schwefel riecht, ein Geruch, der sich in den Haaren und der Kleidung der Stahlwerker einnistet und ihnen aus den Poren tritt, wenn sie schwitzen. «Es braucht ein paar Tage, um ihn loszuwerden», sagt Pat. «Fragen Sie meine Frau. Oder Shannons Hunde.»

Ein anderes Gas in der Hütte, Kohlenmonoxid, ist geruchlos, aber sehr viel beunruhigender. Alle

Stahlwerker tragen einen Kohlenmonoxid-Monitor auf der Schulter ihres Hemds. Er sieht aus wie ein kleines Walkie-Talkie. Beide, sowohl Shannon als auch Pat, erzählen, sie hätten einmal eine Kohlenmonoxid-Vergiftung gehabt, was sie einige Tage lang außer Gefecht setzte. «Das ist wie die schlimmste Grippe, die Sie sich jemals einfangen können», sagt Shannon. «Die Kopfschmerzen waren einfach unerträglich», sagt Joe. «Wie der schlimmste Kater.»

Die Kohlenmonoxid-Gefahr ist ihnen ständig bewusst. «Jeden Morgen», sagt Pat, «müssen Sie darauf achten, wie der Wind weht, damit Sie wissen, wohin Sie gehen müssen, wenn es ein Leck gibt.»

Ich bemerke, dass das Lächeln der beiden Presseleute im Raum zunehmend angespannter wird. Beinahe so, als hätten sie selbst einen Hauch von Sulfur abbekommen.

Später beeilen sich die PR-Leute, mir zu versichern, dass sie jede erdenkliche Vorsichtsmaßnahme unternehmen. Das ist ein berechtigter Punkt. Das Kochen von Stahl ist heutzutage weitaus weniger gefährlich, als es noch vor Jahrzehnten war, als Entstellungen und tödliche Unfälle an der Tagesordnung waren. Larrys Großvater starb, als er im Werk von irgendeiner Maschine erfasst wurde. Die Unfälle in diesem Stahlwerk sind in den letzten dreißig Jahren um 94 Prozent zurückgegangen.

Bessere Ausbildung und allgegenwärtige Schilder haben wahrscheinlich dazu beigetragen. Wohin man auch blickt, sieht man Warnschilder: *Hochspannung. Umkipp-Gefahr. Stopp, Schauen und Horchen. Nimm Dir Zwei [Sekunden Zeit] und denk dir was dabei.* Sogar ein zerbeulter roter Kleinlaster ist neben den Bahngleisen stehen gelassen worden als Mahnung zur Vorsicht; der Laster war von einem fahrenden Zug erfasst worden.

Ich frage Shannon, Joe und Pat, was ihnen an ihrer Arbeit am besten gefällt. «Es tut mir nicht leid, dass ich geblieben bin», sagt Joe, der erwogen hatte, zu gehen, um in der Luftfahrt-Industrie zu arbeiten. «Ich konnte damit meinen beiden Kindern das College, ein Haus, ein Auto und alles Nötige bezahlen.»

Shannon spricht von der Kameradschaft. «Es gibt nichts Besseres, als in meinem Team zu arbeiten.»

Und sie sind stolz auf ihre Arbeit. Immer wenn sie einen Stahlträger auf einer Brücke sehen, suchen sie nach dem Etikett, um zu erkennen, ob es einer der ihren ist. «Das Haus meiner Schwiegermutter in Florida hat eine Verkleidung aus Bethlehem-Stahl», sagt Shannon, und Bethlehem-Stahl war der frühere Name des Werks, bevor es von ArcelorMittal übernommen wurde. «Sie hatte eine dieser alten Bethlehem-Kisten in der Garage, und ich sagte ihr: ‹Wirf diese Box bloß nicht weg, die möchte ich haben›.»

Als das Mittagessen zu Ende ist, danke ich ihnen für ihren Anteil daran, dass ich meinen Kaffee bekomme. «Gern geschehen», sagt Joe. Er lädt mich ein, noch länger zu bleiben und das Gespräch fortzusetzen, aber die Presseleute finden die Idee nicht so gut. Es ist Zeit für mich zu gehen, bevor das Gespräch wieder auf Gaslecks kommt. «Wir sind immer für Sie da, wenn Sie noch einmal zurückkommen wollen», sagt Joe. «Shannon wird einen Truthahn für Sie zubereiten.»

☕ ☕ ☕

Als ich nach New York zurückkehre, ziehe ich Bilanz. Ich nähere mich zunehmend den Tausend. Ich spüre, dass ich etwas Wohlwollen verbreitet habe. Aber ich mache mir immer noch darüber Sorgen, meine Dankbarkeit könnte in Selbstgefälligkeit abrutschen.

«Ich möchte herausfinden, ob ich den Menschen in dieser Kette mit meiner Dankbarkeit irgendwie von Nutzen sein kann», sage ich zu Julie. «Wenn du wirklich das Gefühl haben willst, dass du einen Unterschied machst», sagt Julie, «könntest du ein

Jahr lang auf Kaffee verzichten und das gesparte Geld einem wohltätigen Zweck zukommen lassen.»

Ein Jahr auf Kaffee verzichten? Das ist eine vernünftige Idee. Aber sie macht mir auch Angst. Sollte ich auf mein geliebtes tägliches Kaffeeritual verzichten? Wieder rufe ich den Oxford-Philosophen Will MacAskill an, um zu erfahren, ob es moralisch richtig wäre, dies zu tun. «Es gäbe auch ein gutes Argument dafür, Ihren Kaffee nicht aufzugeben», sagt Will.

«Gott sei Dank», sage ich. «Das Argument lautet folgendermaßen: Ihr typischer Amerikaner wird sich wahrscheinlich nicht entwurzeln, in die sich entwickelnde Welt gehen und ein Heiliger werden. Wie können Sie in dem Wissen darum sicherstellen, das größtmöglich Beste zu tun? Eine Möglichkeit besteht darin, unbekümmert Geld für Zeug auszugeben, das nicht zu teuer ist, Ihnen aber große Freude bereitet. Sie geben nicht gerade viel Geld Ihres Einkommens für Kaffee aus. Also können Sie darin schwelgen. Aber für größere Anschaffungen wie Autos und Wohnungen sollten Sie weniger ausgeben und den Ausgleich für wohltätige Zwecke spenden.»

«Das gefällt mir», sage ich. «Es gilt, das Kleingeld auszugeben und mit den Scheinen zu fuchsen.» «Genau.»

So kann ich das Kaffeetrinken begründen, solange ich mich bemühe, bei größeren Anschaffungen zurückzustecken – wir brauchen in New York kein Auto, noch brauche ich schicke Klamotten. Ich verspreche Will, dass ich zwar weiter Kaffee trinken, aber freigebiger sein werde. «Vielleicht sollte ich für wohltätige Zwecke spenden, die mit Kaffee zu tun haben?», frage ich ihn. «Wie etwa ein Bauernkollektiv in Südamerika? Oder eine Spende fürs Wasser?»

Will hält inne. Er hat der Ethik des Geldspendens wohl mehr Gedanken gewidmet als sonst jemand auf Erden. Er ist der Begründer des Effective Altruism Movement [«Bewegung für wirksamen Altruismus»]. Die Idee des effektiven Altruismus besteht darin, genauestens zu kalkulieren, welche Wohltaten auf einer Pro-Dollar-Basis den meisten Leben helfen. Das ist die «Kunst zu gewinnen», um die Welt zu retten. Mitgefühl trifft hier auf Kalkül.

Wills Meinung nach sollte ich keiner wohltätigen Vereinigung spenden, bloß weil sie etwas mit meinem Kaffeeprojekt zu tun hat, so wie ich nicht für Musikschulen zugunsten unterprivilegierter Kinder spenden sollte, bloß weil ich Beethoven liebe. Stattdessen sollte ich nach einer karitativen Einrichtung Ausschau halten, die das maximal Gute für möglichst viele Menschen bewirke. Moskitonetze sind hochwirksam, wie auch Entwurmungskampagnen in Afrika.

Unter Berücksichtigung dieser Einschränkungen, so sagt Will, gibt es mehrere karitative Einrichtungen, die für die Wasserversorgung gute Arbeit leisten, darunter eine, die sich «Dispensers for Safe Water» nennt. Ein paar Tage später spende ich diesem Projekt eine Summe, die dem Betrag entspricht, den ich pro Jahr für Kaffee ausgebe.

Wills rigorose Ethik hat mich zu einem weiteren Wandel inspiriert. Anstatt jeden Tag einen neuen Pappbecher zu benutzen, habe ich begonnen, meine Wasserflasche aus Stahl in die Coffee-Shops mitzubringen. Ja, ich weiß. Rufen Sie in Oslo an und weisen Sie das Nobelpreiskomitee darauf hin! Aber es gibt mir das Gefühl, etwas weniger machtlos zu sein, und da der Klimawandel die Kaffeeplantagen bedroht, liegt es darüber hinaus in meinem langfristigen Interesse.

Heute bin ich in der City auf dem Weg zu einem Meeting in einem Café eingekehrt, mit der Flasche in der Hand. «Ich hätte gern einen kleinen Becher bitte», sagte ich zu dem Barista. «Okay», sagte er. «Oh, würd es Ihnen etwas ausmachen, diese hier zu verwenden?» Ich hielt meine Wasserflasche hoch.

«Kein Problem.»

Der Barista hatte bereits begonnen, den Pappbecher zu füllen, also goss er den Kaffee von dem

Becher in meine Flasche und warf den Becher in den Mülleimer. Na toll. Die absolute Verschwendung.

Die Moral von der Geschicht: Wo es um Klimawandel geht, da sollst du nicht zaudern.

DIE BAUERN

Danke für den Anbau meines Kaffees

Es sind bereits fünf Monate her, seit ich mein Dankbarkeitsprogramm gestartet habe, und ich habe in etwa 700 Dankeschön ausgesprochen. Jetzt ist es endlich an der Zeit, meine große Pilgerfahrt zur Quelle zu unternehmen, zur Heimat der Kaffeebäume. Meine Reise von 36 Stunden zu den Kaffeebauern in Kolumbien vollzieht sich in zunehmend rustikaleren Transportmitteln.

Zunächst nehme ich einen Jet nach Bogotá, in dessen Flughafengebäude viele Bilder des mythischen Kaffeebauern Juan Valdez hängen. Im Flughafenhotel von Bogotá treffe ich Ed, der seit mehr als einer Woche durch Südamerika getourt ist. Er ist abgespannt, kämpft mit einer Erkältung, ist aber munter. Er trägt etwas, was er seinen «Indiana Jones»-Hut nennt, und schleppt eine Tasche mit seiner Ausrüstung für unterwegs mit: Kaffeebohnen und eine kleine Kaffeemaschine. In der Hotellobby bereitet er mir eine Tasse zu. Die Bohnen stammen aus Äthiopien, was einem hier nahezu wie Verrat vorkommt. Ed erklärt, er liebe noch immer kolumbianischen

Kaffee; er möge nur etwas Abwechslung haben – und er will nicht das Risiko eingehen, ohne seine Dröhnung dazustehen. «Selbst wenn wir Kaffeeplantagen besuchen, garantiert uns das nicht, dass wir dort auch Kaffee zu trinken bekommen», sagt Ed. «Ich war schon auf Plantagen, umgeben von Kaffeebohnen, und musste gegen Kopfschmerzen aufgrund von Koffeinmangel ankämpfen.»

Als Nächstes besteigen Ed und ich eine schnuckelige Propellermaschine, die Knie am Kinn, und wir landen in einer kleinen Stadt namens Neiva. Wir klettern in einen Kleinlaster und fahren vier Stunden in eine noch kleinere Stadt, die Pitalito heißt. Das ist eine Stadt, erläutert Ed, die für zweierlei Kultur von Genussmitteln bekannt ist. Kaffee ist die legale der beiden.

Anschließend steigen wir hinten auf einen Kleinlaster mit offener Ladefläche und fahren neunzig Minuten lang einen Berg hoch zu einer Kaffeefarm. Eine Frau namens Lorena, die in Kolumbien lebt und für die Importfirma arbeitet, gesellt sich zu uns.

Es ist eine herrliche Fahrt … und ziemlich unbequem. Wir holpern über die mit Steinen übersäte Straße, wobei wir gelegentlich unwillkürlich einige «Uffs» ausstoßen. In engen Kurven, neben denen sich ein Abgrund auftut, klammern wir uns an den Seitenwänden der Ladefläche fest.

Ich sehe, wie der Fahrer mit seiner rechten Hand etwas macht, das ich lieber nicht gesehen hätte: das Kreuzzeichen.

Ich nehme einige tiefe Atemzüge, um mich zu beruhigen. Es riecht ein wenig nach verbrannten Autoreifen. Im Laufe der nächsten Minuten wird der Geruch etwas landwirtschaftlicher. «Sie können den Kaffee riechen», sagt Ed. «Und Sie können den Mist riechen. Wissen Sie, wenn wir in New York sind, haben wir all diese schicken Ausrüstungen. Wir haben unseren Feuchtigkeitsmesser und digitale Waagen. Tatsächlich läuft jedoch alles auf Dreck und Schlamm und Regen und Kuhscheiße hinaus.»

An einer roten Ampel in einer Kleinstadt sehen wir einen Mann in einem violetten T-Shirt, der hofft, dass jemand etwas Kleingeld herausrückt – er balanciert auf einem Einrad und jongliert dabei mit Macheten. Während wir auf grünes Licht warten, lässt er die Macheten zwei Mal fallen. Ich gebe ihm einige Pesos aus meinem Rucksack und stelle mir vor, sie könnten hilfreich sein, falls einmal ein chirurgischer Eingriff zum Wiederannähen von Fingern nötig werdem sollte.

Wir kommen an blauen und pinkfarbenen Häusern vorbei, vor denen Frauen den Staub von den Verandas kehren. Unser Wagen wird ausgebremst, als eine Herde von Rindern mit hin und her schwingenden Kehllappen die Straße überquert. Wir sehen Stacheldraht und Friedhöfe und Greifvögel, die in der Luft kreisen.

Ed hat mich mit einigen Hintergrundinformationen versehen. Die Farm, die wir besuchen, ist klein; sie gehört der Familie Guarnizo, mit neun Brüdern und einer Schwester. Die einzigen Besucher im letzten Jahr waren Ed und ein anderer Einkäufer. Ed arbeitet seit fünf Jahren mit den Guarnizos. Er sagt, er zahle weitaus mehr als Fair-Trade-Preise – und noch stolzer ist er, dass er Verträge über mehrere Jahre abschließt, wodurch die Familie, falls es einmal eine Missernte gibt, trotzdem die gleiche Summe Geldes bekommt. Wahrscheinlich würde er bei größeren Farmen Bohnen, die genauso gut sind, günstiger bekommen. Aber er unterstützt lieber die kleinen Farmen. «Nun muss ich Ihnen noch sagen, dass die Gebrüder Guarnizo nicht sonderlich gefühlvoll sind», sagt er. «Sie können es an den Fotos von meinen Besuchen sehen. Beim ersten Mal lächelte niemand. Sie waren eher so ‹Mal sehen, ob der Kerl uns auch bezahlen wird›. Im zweiten Jahr gab es schon ein leichtes Lächeln. Im dritten Jahr sogar noch mehr. Ich glaube langsam werden wir warm miteinander.» Aber, fügt er hinzu, es gibt Grenzen. «Einmal habe ich versucht, sie zu umarmen, und ich bekam eine ausweichende seitliche Umarmung.»

Wir biegen scharf links in einen steilen, von Bäumen überdachten Weg ein. Ich bücke mich mehrmals, aber die Zweige schaffen es dennoch, mir gegen die Stirn zu schlagen.

Wir sind da. Auf der Guarnizo-Farm. Wir befinden uns vor dem Haupthaus, das hellgelb gestrichen ist und ein Dach aus Wellblech hat. Mehrere ungeheuer große Hühner in der Dimension von ausgewachsenen Pit Bulls stolzieren gackernd umher. Es gibt eine blaue Satellitenschüssel auf der Veranda, und im Inneren sitzt ein Kind vor dem Fernseher und sieht Madagaskar Teil 2 an.

Die Landschaft ist umwerfend schön. Nebelverhangene Bergspitzen in der Ferne, und meilenweit dunkles, üppiges Grün.

Als wir von der Ladefläche des Pickups springen, kommen uns die Gebrüder entgegen. Es sind ihrer sechs, in Jeans, Stiefeln und Fußballtrikots in verschiedenen Farben. Einige der Brüder sind mit ihrer Schwester auf Reisen.

Ed hat recht, diese Männer sind nicht eben gefühlsbetont. Anders als bei der Begegnung mit Chung, der extrovertierten Barista, wird es hier kaum viele Umarmungen geben. Sie begegnen uns mit einem leisen «Hola» und Händeschütteln.

Der älteste Bruder, Wilmar, ein gedrungener breitschultriger Mann, scheint hier der Verantwortliche zu sein. «Wollen Sie die Kaffeebäume sehen?», fragt er in Spanisch.

Wir gehen etwa einhundert Meter zu einer Anbaufläche mit Bäumen. Die Bäume sind niedriger, als ich erwartet hatte, ungefähr so groß wie ich. Ich hätte nicht erkannt, dass es sich um Kaffeebäume handelt; sie tragen keine sichtbaren Bohnen. Stattdessen sind die Bäume mit kleinen roten oder gelben Früchten behangen, die wie Kirschtomaten aussehen. Kaffeekirschen werden sie genannt. In jeder Kirsche verborgen findet sich die Bohne, die mein Morgengetränk hervorbringt.

Wilmar hängt mir einen gelben Eimer an einem Band an die Schulter und sagt mir, ich solle mich am Pflücken der Bohnen beteiligen.

Unter den Blicken der Guarnizos pflücke ich eine Kirsche vom Baum und lasse sie in meinen Eimer fallen. Die Frucht gibt etwas Widerstand, als ich sie drehe und vom Zweig zupfe, aber nicht viel. Ich pflücke eine weitere und noch eine. Langsam gerate ich in einen Rhythmus. Der Boden meines Kübels ist jetzt mit Kirschen bedeckt.

Ich zeige Wilmar meine Ausbeute.

Er lächelt und schüttelt den Kopf in sanfter Enttäuschung. Lorena, die kolumbianische Frau von der Importfirma, ist da unverblümter. «¡No! ¡No! ¡No! No contrato para ti», sagt sie lachend. Kein Vertrag für mich. Ich bin gefeuert.

Die Kirschen, die ich gepflückt habe, haben die falsche Farbe. sie sind zu grün. Die guten Kirschen, die mit dem höchsten Zuckergehalt, sind von einem besonders kräftigen Rot. Die Kirschen an einem Baum reifen zu verschiedenen Zeiten, daher muss man genau auslesen.

Auf Wilmars Drängen hin, probiere ich etwas von der Kirsche. Sie ist viel süßer, als ich gedacht habe. Merkwürdig, dass sie im Innern einen so bitteren kleinen Kern verbirgt.

Die Brüder haben Tausende, wenn nicht Millionen von Kirschen in ihrem Leben gepflückt. Sie haben die Plantage von ihrem Vater geerbt und bewirtschaften sie seit den Tagen ihrer Kindheit. Sie kümmern sich um alles – pflücken die Kirschen, kaufen den Dünger und heuern zusätzliche Arbeitskräfte für die Ernte an.

«Woher hat Ihr Vater die Kaffeebäume bekommen?», frage ich. «Von seinem Vater», antwortet Wilmar. «Und woher hat der sie bekommen?» «Von dessen Vater.»

Ich frage Wilmar, wie es ist, den ganzen Tag Kirschen zu pflücken. «Es ist schwer», sagt er auf Spanisch. «Die Sonne, der Regen. Aber es kann auch ganz ruhig und sehr still sein.»

«Was tun Sie zum Zeitvertreib?», frage ich. «Wir singen Lieder. Sie können das auch, wenn Sie wollen.» «Die wollen Sie bestimmt nicht hören.»

Lassen Sie mich einen Augenblick innehalten, um das Offensichtliche festzustellen: Ich habe Glück. Das war der Gedanke, der mich durchfuhr, als ich den Eimer von meinen Schultern nahm. Ich hatte lediglich für zehn Minuten zur Recherche für dieses Buch Kaffeekirschen gepflückt. Ich habe nicht etwa Kaffeekirschen gepflückt, weil ich keine andere Wahl hatte und Geld verdienen musste, um meine Familie zu ernähren, was die Lage von Tausenden von Wanderarbeitern ist. Ich hatte die Wahl, Kaffee zu pflücken, und war nicht dazu gezwungen.

Was hat mir den Luxus beschert, diese Wahl zu haben? Nun, vor allem glückliche Umstände.

Der Frage von Glück galt viele Jahre lang mein größtes Interesse, insbesondere der Debatte darüber, ob unser Leben von Zufälligkeiten bestimmt ist oder aber ob wir die machtvollen Kapitäne unseres eigenen Schicksals sind.

Das ist natürlich eine uralte Diskussion. Als ich mein Buch über die Bibel schrieb, erfuhr ich, dass die Schriften beide Ansichten enthalten. In den Sprüchen Salomos wird dem Leser immer wieder gesagt: Arbeite hart und du wirst auf dieser Erde belohnt werden. Wenn du dich an die Regeln hältst, wenn du nicht faul bist, dann werden deine Saaten aufgehen und du wirst zahlreiche Kinder haben. Diese Denkweise hat sich gehalten. Sie können sie in den Romanen von Ayn Rand, in den Idealen des American Dream und im puritanischen Arbeitsethos erkennen.

Aber es gibt auch eine andere Weise, die Welt zu betrachten. Das Kapitel direkt nach den Sprüchen Salomos ist *Der Prediger Salomo*, das wohl modernste und philosophisch anspruchsvollste Buch der Bibel. In *Der Prediger Salomo* (9:11) heißt es: «Zum Laufen hilft nicht schnell sein, zum Kampf hilft nicht stark sein, zur Nahrung hilft nicht geschickt sein, zum Reichtum hilft nicht klug sein; dass einer angenehm sei, dazu hilft nicht, dass er etwas gut kann, sondern alles liegt an Zeit und Glück.» (Zitiert nach Die Bibel, Württembergische Bibelanstalt, Stuttgart 1972.) Mit anderen Worten, sei nicht voller Stolz. Das Schicksal ist launisch. Mehr als launisch – das Schicksal leidet an einer Borderline-Störung.

Die reale Welt ist zweifellos eine Kombination von Glück und Fertigkeit, aber ich halte es zumeist mit dem Prediger Salomo. Wenn ich es in Zahlen fassen sollte, so waren zwanzig Prozent meines Schicksals von harter Arbeit und Beharrlichkeit bestimmt und achtzig Prozent waren das Resultat des kosmischen Lottos.

Das Glück wollte es, dass ich in der entwickelten Welt geboren wurde. Glück hat bestimmt, dass ich der Sohn von Eltern war, die es sich leisten konnten, mich auf ein teures College zu schicken. Glück hat meine genetische Veranlagung bestimmt. Und meine Karriere? Sie ist voller zufälliger Brüche. Im Alter von dreiundzwanzig Jahren war ich gerade so weit, das Schreiben aufzugeben, und wollte mich bei einer Graduierten-Schule für Psychologie bewerben, als ich ein Stoßgebet an einen Verlag absetzte, der nur an «Agent bei ICM» adressiert war. Mein Schreiben fiel irgendwie aus dem Stapel von Schmonzetten heraus und landete auf dem Schreibtisch eines Elvis-liebenden Literaturagenten. Er dachte, meine Idee, ein Buch zum Thema Elvis zu verfassen, könnte funktionieren. Wäre er stattdessen ein Springsteen-Fan gewesen, würde ich heute womöglich an einem kleinen College Psychologie unterrichten.

Ich schließe die Notwendigkeit von Anstrengung und Ausdauer nicht aus. Jene, die sich von unten nach oben hochgearbeitet haben, die nicht über dieselben Privilegien verfügten wie ich, brauchten wesentlich mehr Anstrengung und Ausdauer als ich, um Ähnliches zu erreichen. Ich erkenne auch an, dass man bis zu einem gewissen Grad seines Glückes Schmied ist und sich seine eigenen Gelegenheiten schafft. Aber nur bis zu einem gewissen Grad. Es braucht auch schieres Glück. Wie Barack Obama nach seiner Präsidentschaft in einem Interview mit David Letterman sagte: «Ich habe hart gearbeitet und ich habe einige Talente, aber es gibt eine Menge hart arbeitende und talentierte Leute da draußen. Es gab für mich auch ein Element von Glück, dieses Element glücklicher Zufälle.»

Ich stimme unserem früheren Präsidenten zu. Es gibt Millionen von hart arbeitenden, ausdauernden Menschen in der ganzen Welt, die unter der Armutsgrenze leben. Ich glaube, es gibt Tausende von Beinahe-Meryl-Streeps, die als Kellnerin arbeiten, weil ihnen keine günstigen Zufälle widerfuhren. Es gibt Tausende von Steve Jobs in Paralleluniversen, die am Fließband in Fabriken arbeiten.

Aus folgenden Gründen liebe ich es, jeden Tag unseren Glückssternen zu danken: Es hilft, sich die eigenen Fehler zu vergeben; es schränkt die Verehrung von Berühmtheiten ein, und es fördert die Demut. Und, was vielleicht das Wichtigste ist: Es macht uns zu mitfühlenderen Menschen.

Wie es der Psychologe David DeSteno in seinem Buch *Emotional Success* formuliert:
Jüngste Forschungen legen nahe, dass es Großzügigkeit fördern kann, wenn man veranlasst wird, Glück anzuerkennen. So entwarf zum Beispiel Yuezhou Huo, eine meiner früheren Forschungsassistentinnen, ein Experiment, in dem sie Individuen eine Summe Geldes versprach als Gegenleistung für das Ausfüllen einer Umfrage über ein positives Ereignis, das ihnen vor kurzem passiert sei. Sie bat eine Gruppe von Teilnehmern, Faktoren aufzulisten, die außerhalb ihrer Kontrolle lagen, die aber zu dem Ereignis beigetragen hatten. Eine

zweite Gruppe sollte persönliche Eigenschaften und Aktivitäten anführen, die dazu beigetragen hatten. Und eine Kontrollgruppe sollte einfach erklären, weshalb ihnen die gute Sache passiert war. Nachdem sie die Umfrage ausgefüllt hatten, wurde den Probanden die Gelegenheit gegeben, die gesamte finanzielle Belohnung oder einen Teil davon einer wohltätigen Sache zu spenden. Diejenigen, die aufgerufen waren, äußere Faktoren anzuführen – viele nannten Glück sowie Faktoren wie unterstützende Ehepartner, umsichtige Lehrer und finanzielle Hilfe –, spendeten 25 Prozent mehr als jene, die nach den persönlichen Eigenschaften und Entscheidungen befragt worden waren. Die Spenden der Kontrollgruppe lagen in etwa zwischen jenen der beiden anderen Gruppen.

Die Bedeutung von Glück anzuerkennen fördert Mitgefühl. Und Mitgefühl ist ein Muskel, den ich zu trainieren habe. Es kommt nicht auf natürliche Weise zu mir. Ich muss dessen eingedenk sein, dass ich aufgrund weniger Flügelschläge eines Schmetterlings leicht der Konsument einer beliebigen anderen Kaffeekette hätte sein können. Ich muss dies anerkennen, ohne in eine herablassende Haltung abzugleiten, denn ich will nicht annehmen, dass ich glücklicher bin als jene Menschen, die auf einer Kaffeefarm arbeiten. Vielleicht ist inmitten von bildschönen nebelverhangenen Bergen zu leben und hier die Ernte einzufahren, erfüllender als das Leben, das ich jetzt führe. Was ich sagen will, ist, dass ich das Glück habe, über mehrere Optionen zu verfügen. Ich kann beschließen, einen Tag zu Besuch zu kommen und Kaffeebohnen zu pflücken.

Es ist ein schräges Paradox: Ich habe ausreichend Glück, dass Glück eine weniger machtvolle Rolle in meinem Leben spielt.

Nachdem ich die Früchte gepflückt habe, wollen mir die Guarnizo-Brüder den Weg der Kirsche zeigen, nachdem sie den Baum verlassen hat. Wir gehen einige hundert Meter zu einem kleinen Schuppen mit einer Maschine von der Größe eines Kühlschranks. Es ist der Entpulper. Die Kirschen werden in einen Schacht geschüttet, wo sie zwischen Metallrollen gequetscht werden, welche die Haut und das Fleisch abschälen.

Heraus kommt ein Strom glitschiger weißer Bohnen, die in einen Kübel geschüttet werden, in dem sie einige Tage fermentieren. Dann werden die Bohnen ausgebreitet, um etwa drei Wochen auf einer Reihe von Netzleinwänden zu trocknen. Hier muss man die Bohnen rechen, damit sie gleichmäßig trocknen. Ansonsten könnten sie verderben. Der ganze Prozess ist wirklich sehr delikat. Der Geschmack des Kaffees wird von Dutzenden Variablen beeinflusst: der Menge an

Regen, der Art des Bodens, der Menge an Stickstoffdünger. Kaffeebohnen, die im Schatten anderer Bäume wachsen, schmecken milder. Selbst die Form der Haufen während des Trocknens kann den Geschmack verändern – manche Bauern harken sie in Reihen, andere bauen kleine Pyramiden.

Der Kaffee ist vielerlei Bedrohungen ausgesetzt. Es gibt Kaffeerost, einen Pilzbefall, der sich im Nu ausbreiten kann. Es gibt Vögel, die durch die Vogelscheuchen auf dem Berg unbeeindruckt sind, aber davonfliegen, wenn die Brüder mit ihren Flinten in die Luft schießen. Die verbleibenden Bohnen werden zu einer nahe gelegenen Mühle gefahren, die Maschinen besitzt, welche die Bohnen nach Größe, Farbe und Dichte sortieren.

Die Brüder bieten uns an, uns auf eine Wanderung in die Berge mitzunehmen. Wir gehen einen Weg entlang, an einer auf dem Boden liegenden Machete und einem staubigen Fußballfeld vorüber, und steigen dann den steilen Hang hinauf. Nach fünfzehn Minuten legen wir auf einer Lichtung eine Pause ein, um auszuruhen – und um Geschäfte zu machen.

Hier, in dem wohl schönsten Büro der Welt – zwitschernde Vögel, gewundene Pfade, tiefgrüne Blätter –, beginnen Ed und Wilmar einen Vertrag auszuhandeln, während die anderen Brüder aufmerksam zuhören.

Mein Spanisch ist rudimentär, aber ich verstehe das Wesentliche. Wilmar will mehr pro Pfund bezahlt bekommen. Ed ist verwirrt, weil sie vor Kurzem doch einen Dreijahresvertrag mit einem festgelegten Preis unterschrieben haben.

Es gibt kein Schreien, kein Stampfen, aber die Atmosphäre ist erfüllt von stiller Spannung. Wilmar weist darauf hin, wie viel Arbeit ihnen der Kaffee abverlangt: Sie müssen die Bohnen pflücken, sie reinigen, sie trocknen. Ed entgegnet, dass er enorme Kosten habe: die Miete in New York, die Fracht und die Lagerung.

Als außenstehender Beobachter höre ich betreten zu und weiß nicht, wem ich recht geben soll. Der Fortschrittliche in mir sagt natürlich, dass diesen Männern mehr bezahlt werden sollte. Sie leben auf einem Berg in Südamerika ohne Internet-Anschluss. Sie sind nie aus Kolumbien herausgekommen, während wir gerade aus den USA eingeflogen sind mit unseren iPhones in der Tasche.

Aber der Realist in mir argumentiert, dass Ed bereits weit mehr als Fair-Trade-Preise zahlt. Wenn Ed wollte, könnte er mit einer größeren, günstigeren genossenschaftlichen Farm zusammenarbeiten und eine gleichwertige Qualität an Bohnen bekommen. Ganz zu schweigen davon, dass Joe Coffee selbst ein kleines Unternehmen ist, das gegen Starbucks antritt. Erst vor einigen Wochen hat Ed den Vertrag zu dem Preis, den die Guarnizos vorgeschlagen haben, unterzeichnet.

Ed scheint mir kaum ein Mr. Monopoly zu sein. Als er mir vor einigen Tagen von dem Vertrag erzählte, schien er wirklich stolz auf das zu sein, was er als fairen Deal, der gut für die Bauern sei, betrachtete. Er sagte, die Bauern zögen dies vor, denn der Vertrag garantiere ihnen selbst bei einer Missernte Geld.

Ich kenne die richtige Antwort nicht. Ich erinnere mich an einen Artikel, den ich vor einigen Wochen gelesen habe. Die Idee bestand darin, dass drei Dollar für einen Becher Kaffee undenkbar viel sei. Geradezu verbrecherisch viel. Würden wir jedoch allen Menschen in der Kette ein amerikanisches Mindestgehalt zahlen, so würde der Becher Kaffee 25 Dollar kosten.

Ed spricht gut Spanisch, aber nicht fließend. Um jegliche doppeldeutigen Signale zu vermeiden, bittet er, die Verhandlung später in Anwesenheit eines Übersetzers wieder aufzunehmen. Wilmar und seine Brüder stimmen zu. Beide Seiten stimmen einen versöhnlichen Ton an. Sie sind sicher, dass sie sich einigen werden. (Und das tun sie. Einige Wochen später werden Ed und die Guarnizos auf einem Kaffee-Blog tatsächlich als Vorbild für gute Partnerschaften bezeichnet.)

Wir gehen den Berg hinunter, und die Spannung der Verhandlung verschwindet bei einem freundlichen Mittagessen am Küchentisch der Guarnizos.

Ed führt einen Löffel voll seiner Hühnersuppe zu seinem Mund und schlürft sie laut. Wir drehen uns alle zu ihm um. Lorena sperrt ihre Augen vor Entsetzen und Verwirrung weit auf.

«¡Ochenta y ocho!», erklärt Ed.

Alle lachen sie lauthals. «Muy bien», sagt Wilmars Bruder Yimmi.

Ich wusste, dass dies kommen würde. Ed erzählte mir, er bringe diesen Schlürfwitz Jahr für Jahr. Die Pointe ist, dass er die Suppe auf der Bewertungsskala für Kaffee beurteilt: eine 88 von 100. Es funktioniert immer. «Das ist mein einziger bewährter Gag», gesteht Ed.

Während des Essens unterhalte ich mich mit den Guarnizos über Themen, die nichts mit Kaffee zu tun haben. Ich frage nach ihren Hobbys. «Fútbol y bebiendo», sagt Yimmi. Fußball und Trinken. «Wir haben nicht viel Zeit», fügt Wilmar hinzu. «Ich wache morgens um halb sechs auf und bin den ganzen Tag draußen auf den Plantagen.»

Wir sprechen über unsere Gesundheit, wie es Menschen im mittleren Alter auf der ganzen Welt tun. Yimmi und ich finden heraus, dass uns beiden vor einigen Jahren der Blinddarm herausgenommen wurde. Yimmi zieht sein T-Shirt hoch, um mir seine Narbe zu zeigen. Es ist eine große, herausstehende Eisenbahnlinie, die sich über seinen Bauch hinzieht. Mit dem Schuldbewusstsein der Ersten Welt zeige ich ihm das schmale Bändchen meiner Narbe. «Muy bien», sagt er.

Wieder einmal realisiere ich, wie viel Glück ich habe, dass ich Zugang zum Gesundheitswesen in den USA habe. Und ich habe Glück, dass meine Frau zwei Monate den Paragraphendschungel unserer Krankenkasse durchforstete, wodurch mir der größte Teil der Kosten erstattet wurde.

☕ ☕ ☕

Nach dem Mittagessen trinken wir Kaffee, was nun wirklich der Situation angemessen ist. Wir sitzen auf der Veranda und trinken das Getränk aus Bohnen, die Wilmars Frau in einer Kasserolle geröstet hat. Es schmeckt köstlich, was allerdings auf dieser Höhenlage wahrscheinlich ohnehin der Fall wäre.

Jetzt ist der Zeitpunkt gekommen, sage ich mir. Mehrere Dankbarkeitsbücher, die ich gelesen habe, empfehlen, einen Dankesbrief zu schreiben und ihn laut vorzulesen. Auf dem Flug zuvor habe ich also meine Gedanken auf Spanisch mit kümmerlicher Syntax zusammengekritzelt.

Ich hole mein zerknülltes, loses Stück Papier

heraus, blicke die Guarnizo-Familie an und lese: «Gracias por ustedes.»

Ich lese weiter in meinem stockenden Spanisch: «Ich verstehe jetzt viel mehr von all der Arbeit, die nötig ist, um meinen morgendlichen Becher Kaffee bereitzustellen, und ich werde ihn nicht wieder für selbstverständlich halten.

Danke für das Pflücken, für das Waschen und Trocknen der Bohnen.

Ihr Kaffee macht mich jeden Morgen glücklich, und er hilft mir, die Energie zu finden, um meine Bücher und Artikel zu schreiben und mich um meine Kinder zu kümmern.

Von nun an werde ich an Sie denken, wenn ich meinen Morgenkaffee trinke. Und vielleicht werden Sie an Menschen wie mich in den Vereinigten Staaten denken und die Freude, die Sie ihnen bereiten. Vielleicht werden Sie an all die Künstler, Architekten, Handelsleute und Ingenieure in New York denken, die von dem, was Sie produzieren, inspiriert werden.»

Ich bin fertig. Stille. Ich bin nicht sicher, ob ich wirklich Grillen gehört habe, aber bestimmt habe ich einige summende Insekten gehört.

Nach einigen Sekunden sehe ich, wie Wilmar die Andeutung eines Nickens mit dem Kopf macht, worauf er die leiseste Spur eines Lächelns erkennen lässt. «Gracias a usted», sagt er.

Ich kann nicht sagen, dass sie aus dem Häuschen oder transformiert gewesen waren, aber ich bin mir ziemlich sicher, dass sie meinem Dank nicht abgeneigt waren. Das ist doch immerhin schon etwas.

Beim Verabschieden schütteln wir uns die Hände. Die Guarnizos laden Ed und mich ein, nächstes Jahr wiederzukommen und länger zu bleiben, vielleicht einige Nächte. Ich werde auf diese Einladung nicht zurückkommen, aber ich bin ihnen dankbar dafür.

FAZIT

Eine Woche später bin ich wieder zurück in New York, sechstausend Meilen von Riesenhühnern und den Steilwandstraßen in Kolumbien entfernt.

Ich stehe bei Joe in der Warteschlange für meinen täglichen Kaffee. Gleich werde ich Bohnen schmecken, deren Heimatort ich besucht habe. Ich weiß, die Bohnen werden nicht beeindruckt sein, aus Mangel an Bewusstsein und alledem, aber ich fühle mich trotzdem mit meinem Getränk mehr verbunden.

Ich hole meinen Becher Kaffee und sage dem Barista: «Ich bin sehr dankbar für meinen Kaffee.» «Das sollten Sie auch», sagt er. Dies ist zu unserem Running Gag geworden.

Ich danke auch der Frau, die die Behälter mit den Deckeln und den Java-Manschetten nachfüllt, da ich sie zuvor nie gesehen habe.

Das macht 964 Leute, denen ich gedankt habe. Oder so etwas in dieser Größenordnung. Anders als die wissenschaftlichen Messungen, die in meinen Kaffee einfließen, ist meine Strichliste nicht exakt. Ich habe auf meinem Computer eine große Liste von Namen und Jobs eingerichtet, aber ich bin nicht sicher, ob es da nicht einige Wiederholungen gibt. Außerdem habe ich ein bisschen geschummelt. Vor Kurzem habe ich eine Fabrik in Brasilien angerufen, um «obrigado» für die Fertigung von Entpulpern zu sagen. Ich bitte den Abteilungsleiter, den Fließbandarbeitern meinen Dank auszurichten, und habe daraufhin meiner Gesamtsumme drei weitere hinzugefügt.

Auf dem Tresen bei Joe Coffee gibt es ein Foto von einer der Plantagen, mit denen sie zusammenarbeiten. Das ist eine nette Geste, aber ich wünschte, es gäbe noch andere Fotos auf dem Tresen: Vielleicht eins von den Lkw-Fahrern, den Dockarbeitern, den Stahlwerkern, den Frachtcontainerherstellern; vielleicht einige Hunderte von Leuten. Und vielleicht ein Zeichen, das anderen Coffee-Shops dankt – denn Kaffee treibt Tausende von Menschen an, die den ganzen Kram herstellen, der mir zu meinem Kaffee verhilft.

Dies ist mir während eines meiner letzten Interviews aufgegangen – mit einem Ingenieur aus Minneapolis, der mit der Herstellung des Stahls zu tun hat, der sich in den Lkw, Brühmaschinen und so vielem anderen befindet, das für mein Lieblingsgetränk nötig ist.

Ich fragte ihn am Telefon: «Wofür sind Sie dankbar?» «Ich bin für diesen Stuhl dankbar, auf dem mein fetter Arsch sitzt», sagte er.

Ich lachte. «Was für eine Art von Stuhl ist das?» «Ich bin zu faul, um aufzustehen und nachzusehen.»

«Na gut», sagte ich. «Gibt es sonst noch etwas, wofür Sie dankbar sind?» «Nun, ich bin für den Kaffee dankbar. Ich meine, wenn Sie Ihr Buch ordentlich machen, müssen Sie dem Kaffee an sich danken. Denn wir Stahlwerker trinken eine Menge Kaffee.»

Mir gefiel diese Ansicht. Das ist so meta-, so rekursiv und so wahr. Sie brauchen Kaffee, um Kaffee zu machen. Kaffee erzeugt Kaffee.

Einige Wochen später klingelt mein Telefon. Es ist eine Textnachricht von Chung, der freundlichsten Barista der Welt. Sie ist nach Kalifornien gezogen, aber sie schickt mir noch immer gelegentlich ein Lebenszeichen.

Ich schreibe zurück: «Mein Sohn Zane hat darauf hingewiesen, dass ich den Eltern jener danken sollte, die mir meinen Kaffee servieren, denn diese Menschen wären ohne ihre Eltern nicht da. Würden Sie daher bitte in meinem Namen Ihren Eltern danken?»

Mit dem Dank an Chungs Eltern habe ich – mehr oder weniger – die Tausend erreicht. Es können 987 oder auch 1015 sein. Aber ich zähle dies als den tausendsten Dank. Das klingt doch ganz ordentlich.

Chung schickt mir eine ganze Reihe an Emoticons und Ausrufezeichen zurück. «Bitte danken Sie Zane. Und Dank auch an Sie beide dafür, dass ich mehr über all das nachdenke, wofür ich in meinem Leben dankbar sein sollte.» Sie sagt, sie sei dankbar für die Opfer, die ihre Eltern als Einwanderer gebracht haben. Sie sagt, sie habe nach unserem Gespräch realisiert, dass Dankbarkeit eine Disziplin ist, die geübt werden müsse. Sie komme nicht immer auf natürliche Weise zu einem, selbst nicht zu Leuten, die das Glas halb voll sähen, wie sie.

Chungs Worte lassen mich schmunzeln wie eines der Emoticons, die sie gerade geschickt hat. Heute war ich länger als einen halben Tag lang glücklich, oder zumindest war ich nicht mürrisch, was mich sehr dankbar macht.

Kurze Zeit später laden meine Eltern uns anlässlich meines bevorstehenden Geburtstags zu einem Abendessen in ihre Wohnung ein. Nachdem wir die Pizza gegessen haben, holen die Jungs die Kuchen hervor und singen für mich Happy Birthday.

Das ist natürlich herzerwärmend. Aber ich habe über Zanes Ratschlag nachgedacht. Er hat recht. Ich sollte wirklich meiner eigenen Mutter danken, insbesondere an diesem Tag sollte ich das tun. Es ist irgendwie merkwürdig, dass die Geburtstagsfeiern sich nur um das Kind drehen, während sie doch eigentlich die Mutter ehren sollten. Die Gewichtung ist völlig verschoben. Ich meine, was habe ich schon einige Jahrzehnte zuvor an diesem Tag getan? Ich kam heraus, habe geschrien, nach

Essen verlangt und bekam eine mittelprächtige Zahl von Punkten nach dem Apgar-Index verpasst. Die wahre Heldin ist meine Mutter. Sie ist diejenige, deren Körper durch meinen Babyschädel ernsthaft in Mitleidenschaft gezogen wurde. «Hey Jungs, könnt ihr für Großmutter singen?», frage ich. «Ich denke, wir sollten ihr danken. Sie hat all die harte Arbeit erledigt.»

Meine Mutter lächelt und nickt. «Das ist lieb. Und du hast recht. Bei dir war es nicht leicht.»

☕ ☕ ☕

Die Pfade der Dankbarkeit kreuzen und überschneiden sich überall. Im Grunde könnten Sie wohl jeden in diesem Buch mit jedem anderen verbinden, wenn Sie sie auf einer Karte darstellten. Die Holzfäller liefern nicht nur Holz für die Kaffeebecher, sondern auch für das Papier, das von der Importfirma für ihre Unterlagen benutzt wird. Wir brauchen Gummi für die Reifen der Kaffee-Lkw, aber auch für die Lkw, welche die Flüssigseife zu den Wissenschaftlern transportieren, die das Wasser auf Keime hin testen.

Es gibt eine wunderbare Szene in Italo Calvinos Buch *Die unsichtbaren Städte*, und ich kann nicht anders, als hier wieder an sie zu erinnern. Calvino hat die Fabel einer Stadt geschrieben, in der die Wohnungen der Menschen durch Fäden miteinander

ander verbunden sind. Die Fäden sind von einer Wohnung über die Straße oder am Block entlang zu einem anderen Apartment gespannt. Jeder Faden repräsentiert eine andere Art von Beziehung. Sind die Menschen in den beiden Wohnungen Blutsverwandte, so sind die Fäden schwarz. Wenn sie geschäftlich miteinander zu tun haben, sind die Fäden weiß. Wenn einer der Boss des anderen ist, sind die Fäden grau. Schließlich nimmt die Zahl der Fäden so sehr zu, ihr Geflecht wird so dicht und vielfarbig, dass es unmöglich ist, durch die Stadt zu gehen.

Würden wir die Welt mit Fäden der Dankbarkeit durchziehen, wäre das Ergebnis dick wie eine Wolldecke.

DANKSAGUNGEN

VON A. J. JACOBS UND RIKI MARKOWITZ

Da es keinerlei Möglichkeit gab, tausend Danksagungen im Text des Buches selbst unterzubringen, habe ich die Namen unten zusammengestellt. Dies wird, so hoffe ich, Ihnen eine Vorstellung davon geben, wie vieler Menschen es bedarf, um die Gegenstände in unserem Leben zu produzieren, und wie wir diese Menschen oft für selbstverständlich halten.

Die Bedankten sind in verschiedene Gruppen eingeteilt. Manche haben offensichtliche Beiträge geleistet wie der Barista und die Bauern. Andere sind zugegebenermaßen eher indirekt beteiligt, wie etwa die Leute, die den Asphalt für die Straßen machen, auf denen die Kaffee-Lkw fahren. Aber meine These ist, dass die Welt von Verbindungen durchwoben ist. Deshalb wollte ich meinen Dank ausweiten und nicht einschränken. Diese Leute mögen zwar eher indirekt beteiligt sein, aber sie sind seltsamerweise ebenso wichtig.

Das Ergebnis ist eine Karte meines Dankbarkeitspfades. «Dankbarkeitspfad» ist übrigens ein Wort, das von meiner Freundin Priscilla Algava stammt, daher gilt ihr mein Dank dafür. Ich möchte Sie ermutigen, Ihrerseits einem Dankbarkeitspfad zu folgen. Es ist eine wundervolle Erfahrung. Zumindest war es das für mich. Ich lernte eine ungeheure Menge und bekam alle möglichen warmen Gefühle und krausen Gedanken, zusammen mit gelegentlichen Schweißausbrüchen wegen einer Überdosis Koffein.

Mein Dank gilt auch Riki Markowitz, die eine exzellente Forscherin und Kaffeebegeisterte ist. Riki hat mir geholfen, diese Liste zusammenzustellen.

DIE BARISTA UND DER VERKOSTER

1. Die Barista Chung Lee bei meinem örtlichen Joe Coffee.

2. Ed Kaufmann, der Leiter Einkauf Kaffee bei Joe Coffee.

3. Jonathan Rubinstein, der Gründer von Joe Coffee Company.

4-5. Richard und Alice Rubinstein, Jonathans Eltern, die in den allerersten Joe Coffee Shop investierten.

6-11. Andere wichtige Mitarbeiter von Joe Coffee, darunter Tim Hinton, Manager meiner örtlichen Joe Coffee Company, und Frankie Tin, Brandon Wall, Doug Satzman, Will Hewes und Jonathans Schwester Gabrielle Rubinstein.

12-15. Die Mitarbeiter von Mazzer Kaffeemühlen, welche die Kaffeebohnen gemahlen haben, darunter Luca Maccatrozzo, Cristian Cipolotti, Luigi Mazzer, und Mattia Miatto.

16-19. Thunder Group, die Hersteller des bei Joe Coffee verwendeten Siebs, darunter Michael Sklar, Brian Young, Takia Augustine, und Robert Huang.

20-22. Die Leute von Hario Digital Scale für Kaffee, darunter Shin Nemoto, Sakai Hario und Tagawa Hario.

23-25. Die Mitarbeiter der Specialty Coffee Association, darunter Don Schoenholt, Spencer Turer und Kim Elena Ionescu, organisieren Kaffee-Meetings, bei denen Mitarbeiter von Joe Coffee zu neuen Ideen kommen.

26-29. Oxo Kitchen Tools, darunter Juan Escobar, John DeLamar, Eddy Viana und Lynna Borden.

30-31. Die Entwickler der Kaffeearoma-Tabelle, darunter Edward Chambers und Rhonda Miller, mit deren Hilfe Kaffeeverkoster die Aromen identifizieren.

32. Ed Kaufmanns Verkostungslehrer Rob Stephen.

33-35. Die Hersteller des von Joe Coffee verwendeten Verkostungslöffels, darunter Stephen Wright, Beatrice «Beattie» France und Ryan May von der W. Wright Cutlery & Silverware Comp.

36-37. Pioniere des Schröpfverfahrens zur Verkostung von Kaffee Clarence Bickford und B. D. Balart.

38-40. Die Entwickler des Q-Grade-Tests zur Verkostung von Kaffee: Jean Lenoir, David Guermonprez und Eric Verdier.

41-42. Die Hersteller des Mudjug-Spucknapfes, mit dem Ed Kaufmann Kaffee probiert, darunter Darcy Compton und Garrett Celano.

43-45. Neumann Kaffee Group, die Einkäufer wie Andres Dicker, Catalina Eikenberg und Dana Andrews mit Daten zum Kaffeehandel beliefert.

46-49. Die Mitarbeiter von Ikawa Kaffeemühlen, die kleine Mengen zur Verkostung mahlen, darunter O. M. Miles, Philip Schlüter, Matyas Tamasi und Andrew Stordy.

50-52. Mitarbeiter von Moleskine-Notizbüchern, mit denen Ed Kaufmann Notizen zu den Kaffeeverkostungen macht, darunter Alma Ibershimi, Michael Steigman und Tetsu Nakazawa.

53. Es gibt viele Menschen in der Geschichte, die dazu beigetragen haben, Kaffee zu einem populären Getränk zu machen, einschließlich Kaldi, der Ziegenhirt, der alte Äthiopier, der Kaffee zum ersten Mal entdeckte (jedenfalls, der Legende nach). Er sah anscheinend seine Ziegen springen und tanzen, nachdem sie Kaffeebohnen gefressen hatten.

54. Der Gärtner Gabriel de Clieu, französischer Marineoffizier, der offenbar in Martinique in den 1720er-Jahren einen Sämling gepflanzt hat, welcher der Vorfahre sämtlicher Kaffeebäume in Südamerika ist.

55. Kaffeepionier Alfred Peet, der 1966 in den USA High-End-Kaffee einführte.

56. Papst Clemens VIII., der die päpstliche Zustimmung zum Kaffee gab. «Wir werden Satan täuschen, indem wir ihn taufen und zu einem wahrhaft christlichen Getränk machen.»

57-59. Teilnehmer der Boston Tea Party, die an der Zubereitung von Kaffee anstelle von Tee teilnahmen, darunter Thompson Maxwell, Obadiah Curtis und Joseph Coolidge.

60-62. Die Leute, die es mir ermöglicht haben, meinen Kaffee zu bezahlen, einschließlich der Mitarbeiter von American Express Kreditkarten wie Jane Di Leo, Sarah Jukes und Marci Lowney.

63-65. NXP Semiconductors stellt den Computerchip auf meiner Kreditkarte her, deren Mitarbeiter Tate Tran, Dale Eagar und Metin Onder.

66-69. Das American National Standards Institute ist die Gruppe, welche die Nummern für Kreditkarten erstellt. Dank an Sarah Bloomquist, Petra Valentin, Amama Idrees und Beth Lisa Adams.

70-72. Die Leute von Square, der elektronischen Registrierkasse, mit der ich meinen Kaffee bezahlen konnte, darunter Julie Kerner, Amy Feitelberg und Mallory Russell.

73-76. AtLite sorgt für die Notbeleuchtung bei Joe Coffee, und das dank den Mitarbeitern Michael Jacobs, Liz Gimondo, Ricky James und Russell Tatum.

77-80. Die Leute, die für Joe Coffee die CMA-Spülmaschine herstellen, darunter Grace Petit, Emily Dominguez, Mohit Ahuja und Kristian Fedri.

81-84. Die Leute von Buckeye Fire Equipment, die Feuerlöscher bei Joe Coffee so herstellen, dass deren Laden offenbleibt, einschließlich Jack Julian, Bryon Gordon, Joey Word und Mike Patti.

85-88. Die Mitarbeiter von John Boos & Co., die bei Joe Coffee die Spülbecken herstellen, darunter Tom Murphy, Tony Kemme, Garland Gibson und David Weatherman.

89-92. Die Mitarbeiter von Norpak Corporation, die Feinkostpapier herstellt, das bei Joe Coffee verwendet wird: Lydia Matas, Dale Song, Andrew Crumrine und Michele Guddemi.

93-95. Bei den Leuten von True Refrigerators, die Kühlschränke, die von Joe Coffee verwendet werden, um die Milch kalt zu halten: Rick Gengaro, Bob Trulaske und Art Trulaske.

96. Auch Dank an den Erfinder der Kältetechnik, Jacob Perkins.

97-99. Die Mitarbeiter von Kobalt Tools, die den Luftkompressor bei Joe Coffee herstellen, darunter Kimber Biniak Jones, Jonathan Bradshaw und Eduardo Gonzalez.

100-103. Die Mitarbeiter des von Joe Coffee verwendeten «Everpure Wasser-Reinigers», darunter Rick Rounds, Anthony Critelli, Frank Kernan und Devin Hare.

104-107. Eaton Cutler-Hammer, der Hersteller der Steckdosen bei Joe Coffee, welche die Mühlen für meinen Kaffee speisen, darunter Vernon Young, Anthony Wilson, Christopher Kaiser und Maria Morla.

108-111. Die Mitarbeiter von Toto-Toiletten, die bei Joe Coffee installiert sind, damit die Mitarbeiter den Bedürfnissen der Natur nachgehen können, darunter May Tang, Christian Rowe, Peter Stangel und Micah Tice.

112. Shawn, der bei Joe Coffee die Klempnerarbeiten erledigt.

113-116. NuTone, Hersteller der Ventilatoren bei Joe Coffee, darunter John Stafford, Darshit Gosalia, Eshank Singh und Priyanka Pillai.

117-120. Die Leute von Werner Co., welche die Leitern bei Joe Coffee herstellen, mit der die Arbeiter den Kaffee aus dem Lager holen, darunter Chad Lingerfelt, Dan Mora, Mike Katz und Jason Scott.

121-124. Gleason Corp., die Hersteller der Handwagen, mit denen bei Joe Coffee Säcke bewegt werden, darunter Jennifer Schweitzer, Harsh Pandya, Jim Adams und Rayford Callicutt.

125-128. Glidden Professional, Hersteller des in der Joe Coffee-Küche verwendeten Verschweissgeräts, darunter Thomas Biggs, Juan Maldonado, Al Groff Jr. und Hai Horn.

129-132. Benjamin Moore & Co., Hersteller der Farbe für die Wände bei Joe Coffee, darunter Bonnie Sachinis, Julia Kremen, Eileen McComb und Megan Cangialosi.

133-136. Die Leute, welche die modularen Kunststoffbehälter für Joe Coffee bei Iris USA herstellen, darunter Kevin Kissell, Derrick Reed, Patrick Gorman und Natalie Quinnies.

137-140. Die Kaffeevorräte von Joe Coffee werden in Nexel Gitterregalen aufbewahrt, also Dank an Donald McKenna, Jennifer Tallon-Diglio, Anthony Carrotta und Kevin Chow.

141-144. Joe Coffee-Vorräte werden auch in Säcken von Ikea aufbewahrt, also Dank an Steve LaVictoire, Jon Evoy, Cherisse Jeffries und Donald Acton.

145-148. Die Leute bei Homz, Hersteller der Plastikboxen, in denen Kaffee bei Joe Coffee gelagert wird, darunter Nicole Günther, Stan Borione, Peter Spratt und Daniel Bartlett.

149-153. Stanley-Milchbehälter von Pacific Market International, darunter Dana Kohlmann, Kathlyn Jones, Judy Burke, Lisa Wood und Mike Pietrowski.

154-156. Mitarbeiter von Sugar In The Raw, darunter Kate Schneider, Les Dessources und Sara Hoskow.

157-160. Die Hersteller von Büromaterial für Joe Coffee, einschließlich Canon USA, welche den Drucker für Joe Coffee herstellen, einschließlich Chuck Westfall, Jerry Karp, Michael Thompson und Lawrence Davis.

161-164. Staples, die den bei Joe Coffee verwendeten Taschenrechner herstellen. Damit werden die Preise und der Bestand meines Kaffees ermittelt, darunter Jason Oliver, Lewis Tse, Josh Kindberg und Brian Katz.

165-168. Ed verwendet BIC-Stifte, um sich Notizen zu den Kaffees zu machen. Vielen Dank an Emily Hogan, Jim Reel, Johanne Henderson und Emily Elms.

169-172. UPS, das von Joe Coffee für den Geschäftsversand beauftragt wird, einschließlich der Mitarbeiter Quadir Hameed, Franny Hughes, Chuck Astor und Jason Jimenez.

173-174. Und natürlich die Eltern meiner Barista Chung Lee.

DIE HERSTELLER DER BECHER

175-179. Die Hersteller von Becherhüllen Jay Sorensen, Cari L'abbe, Clem Harris, Bill Wadhams und Colleen Sorensen von Java Jacket, dem Unternehmen, das die fingerschützende Hülle aus Pappe erfunden hat.

180-182. Die Leute von Vaporpath, Hersteller des Viora-Lid-Becherdeckels, Barry Goffe, Cloantha Copass und Doug Fleming.

183. Pionier des Kaffeebecherdeckels Alan Frank.

184-188. Hersteller von Pappbechern bei Imperial Dade, darunter Robert Tillis, Jason Tillis, Jameka Carter, Rick Tabit und David Pokorny.

189-192. Mitarbeiter von International Paper, das Papier für die Tassen liefert, darunter Sean James, Jimenez George, Clifton Moore und Shane Kelleher.

193-194. Domtar Zellstofffabrik, welche das Papier für die Kaffeetassen herstellt, darunter Paul Kallioinen und Thomas Looney.

195-198. Die Erfinder der Pappbecher: Lawrence Luellen und Austin Pinkham, die unter den Gesundheitsrisiken des direkten Trinkens aus den damals üblichen Wassereimern litten, erfanden 1907 den Health Kup, einen der ersten Pappbecher. Weitere Pioniere der Kaffeebecher waren Michael Brillis und Pollick Frank.

199-203. Charles Fenerty, Friedrich Gottlob Keller, J. Roth, Henry Voelter und Cai Lun erfanden das Zellstoffverfahren für die Papierherstellung.

204-207. Designer des Joe Coffee-Logos, darunter Marke Johnson, Amber Chiarelli, Adam Blake und Kimberly Johnson bei Made Shop.

208. Der Typograph Alex Haigh, Designer der im Logo verwendeten Nanami-Schrift.

209-211. Adobe-Software, die beim Entwerfen des Logos verwendet wurde, einschließlich Gerald Farro, Brenda Milis und Fiona Gardner.

212-217. Entwickler des Kunststoffs, mit dem die Innenseite der Becher beschichtet wird: Jons Jacobs Berzelius, Edmond Williams und Richard Shappell, Alexander Parkes, Leo Baekland und Jacques Edwin Brandenberger.

218. Franklin Moss hat die von Java Jacket verwendete Flexo-Druck-Methode erfunden.

219-220. Erfinder der Siebdrucktechnik für Pappbecher, darunter Samuel Simon und Michael Vasilantone.

221. Mitarbeiter des Barcode-Herstellers Advantage Technology Solutions, einschließlich Frank Angotti, die für Kaffeezubehör verwendet werden.

222-226. Kice stellt Staubkontrollsysteme für Kunststoffproduzenten her. Zu den Mitarbeitern gehören Tom Zemanick, Doyle Hamilton, Jeff Kice, Katy Lamb und Les Brin.

227. Erfinder der Wellpappe, die zum Verpacken der Tassen verwendet wird, Albert Jones.

228-230. Lamitech, ein Anbieter von Pappkartonschachteln, darunter Tim Pocock, Andrew Londergan und Jerry Sarno.

DIE KAFFEERÖSTER

231-232. Amaris Gutierrez-Ray und Roberta Durate, Röster bei Joe Coffee.

233-236. Mitarbeiter von Extech, dem Hersteller des Messgeräts für den Wassergehalt der Kaffeebohnen, Haley Ellison, Luciane McCarthy, Teri King und Michael Oster.

237-239. Joe Coffee Spedition, darunter Lee Harrison, Eric Heredia und Vlad Kanevsky.

240-242. Die Leute bei GrainPro, den Herstellern von speziellen Plastiktüten für den Versand von Kaffee, Jose Gomez, Joey Saligao und Diego Lara Lavarreda.

243-246. Pacific Bag, das Kaffeebeutel für Coffee-Shops herstellt, darunter Adrienne Rummerfield, Jui Chen «Charlene» Fang, Katie Farrell und Christopher Mitchell.

247-249. Rubbermaid, Hersteller der Eimer, in denen Kaffee gelagert wird, darunter Homayoun Khalili, Rita Hunter und Blake Bodie.

250-255. Mitarbeiter von Cropster Software für Kaffeeröster, Norbert Niederhauser, Taylor Wallace, Andreas Idl, Martin Wiesinger, Laura Liivo und Michelle Hasbrouck.

256-258. Atago, Hersteller von Acidometern zur Prüfung des Säuregehalts von Kaffeebohnen, darunter Tayler Stevens, Emerson Carillo und Carla Julio.

259-261. Mitarbeiter von Ziploc, die Plastikbeutel herstellen zur Aufbewahrung von Kaffee, darunter Brian Tippett, Marcelo Stefani und Jacqueline Holliday.

262-263. Designer des Plastikreißverschlusses für Ziploc-Beutel, Borge Madsen und Max Ausnit.

264-267. Die Hersteller von Kaffeeröstern Tina Williams, Joshua Hutton, Robert Disidoro und Mark Ludwig.

268-270. Die Joe Coffee-Röster (und ein Großteil des Personals) verwenden Apple-Computer, um den Lagerbestand zu überprüfen und neuen Kaffee zu bestellen. Zu denen, die Apple-Computer ermöglichen, gehört Coilcraft, das Mikrospulen für Apple-Computer herstellt, die bei Joe Coffee verwendet werden, darunter John Neumann, Jacob Klein und Madhavi Polisetti.

271-275. Knowles stellt Audioteile für Apple-Computer her, darunter Dennis Marcotte, Hassan Dani, Denis Loxha, Robert Fabian McCarthy und Brandon Peeler.

276-280. Infineon Technologies stellt Halbleiter für Apple-Computer her, darunter Steve Bakos, Christian Becker, Shrikant Joshi, Mario Campello und Stephanie Garcia.

281-285. Qualcomm arbeitete an 3G für Apple-Computer, darunter Nate Tibbits, Jeff Arouh, Navaneetha Krish, Chakravarthy Madirafu und Khaled El-Maleh.

286-290. Kyocera stellt Präzisionsschneidewerkzeuge aus Hartmetall her, mit denen Apple seine Computergehäuse fertigt, darunter Michael Ward, Jim Doughty, Gary Miller, Steve Chochrane und James Loso.

291-295. Die Nan Ya Plastics Corporation USA stellt synthetische Fasern für Apple-Computer her, darunter Robert Peng, Henry Liao, Max Peng, Dung-yi Chao und Paul Stanzione.

296-298. Cheng Loong Corp., die Druckpapier für Büros bereitstellt, Wei-Lun Chang, Billy Tu und Ken Nelson.

299-300. Radiant Opto-Elect-Technology, Hersteller von LED-Displays, darunter Chewei Chang und Yong Zhu.

301-305. Prent Corp. stellt Verpackungen für Computer her. Vielen Dank an Anthony Cass, Donald Lehr, Haydn Wolff, Jacob Gray und Laura Collins.

306-308. Platinum Optics Technology, Hersteller von Glas für Computer, Jean-Bernard Bouche, Hsiang Wei Hsieh und Chien-Liang Liu.

309-313. POSCO, Stahlhersteller für Apple-Computer, darunter Jinseok Hwang, Sangwoo Park, Seung Joon Lee, Elizabeth Pickens und Steven Bigatti.

314-318. Primax Electronics stellt Kameras für Computer und Smartphones her, darunter Matt Severaid, Martha Elliott, Alexander Lee, Charles Yang und Robert Tsai.

319-323. Qorvo, das Soundtechnologie für Apple herstellt, darunter John Carlson, David Shih, Carla Susmilch, Jason Womack und Thi Ri Mya Kywe.

324-326. Amkor Technology, das Halbleitertests durchführt,

darunter Erin Cote Martin, JaeTaek Yoo und Kwangmo «Chris» Lim.

327-331. KibbeChem stellt Farben für Kunststoffe her, die in Apple-Produkten enthalten sind, darunter Rick Mann, Shannon Rice, Dan Roeske, Shane Kibbe und Dave Ward.

332. Tim Berners-Lee, einer der Erfinder des World Wide Web.

333. Ernest Earl Lockhart, Forscher, der entdeckte, dass Menschen Kaffee bevorzugen, der zwischen 90 und 96° C aufgebrüht wurde.

334. Ramin Narimani, Mitarbeiter bei Pulley Collective, dem Industriegebiet, in dem Joe Coffee Raum für seinen Röstbetrieb mietet.

335-337. Diejenigen, die bei Mahlkönig USA Inc. Coffee Kaffeemühlen herstellen, darunter Moritz von Stietencron, Timo Keimer und Oliver Bradshaw.

338. J-Scale, die Waage, die Kaffeebohnen wiegt: Cimmerian Coleman.

339-342. Die Familie Mierisch, darunter Doc, Erwin und Eleane, die eine Kaffeefarm in Nicaragua besitzen und deren Sohn Steve die Firma Pulley Collective begründete, von der Joe Coffee geröstet wird.

DAS WASSER

343-346. Thermo Fisher Scientific, Hersteller der zum Testen des Wassers verwendeten Öfen, Alan Polonsky, Lisa Hayes, Amanda Wilson und Marc Casper.

347-348. Polizei, die das Wasserreservoir von NYC schützt, einschließlich Sean Dewey und Anthony Glorioso.

349-354. Coleman-Kühlelemente, in denen Proben aus dem Reservoir aufbewahrt werden, darunter Tricia Hyde, Lori Becker, Eileen Litchy, Logan Groves, Jennifer Karbs und Kevin Beerman.

355-361. Cabelas, die wasserfeste Kleidung herstellen für die Arbeiter, die das Wasser in den Stauseen testen, darunter Bob Getz, Ilona Luja, James Pickinpaugh, Stephanie Miller, Chris Fletcher, Scott Williams und Thomas Milner.

362-365. Hersteller von Pyrex, aus dem die Flaschen im Labor gefertigt werden, Anne Moser, Ambyre Balut, Michael Scheffki und Missy Stefanik.

366-371. Pall Corporation, Hersteller von Flaschen für Filtertests, darunter Rick Mumley, Naresh Podila, Rachel Gambetta, Suzanne Hennings, Kelly Bebee und Siavash Darvishmanesh.

372. Adam Bosch, der die Kommunikation des New Yorker Wassersystems betreut.

373. Mark Dubois, der die Stauseen des New Yorker Wassers überwacht.

374. Kristen Askildsen, Chemikerin am Stausee, der New York mit Wasser versorgt.

375-378. Weitere im Ministerium für Umweltschutz, das die Stauseen überwacht, darunter Andrew Kuchynsky, Garfield Carty, Thomas Wise und Jim Pynn.

379-383. General Foundries, das die Wasserteststationen in den Straßen von New York errichtet, Sam Chowdhuri, Alok Todani, Ajay Narang, Vinoth Vasu und Rajiv Sachdev.

384. Theodor Escherich entdeckte E. coli, auf das die EPA das Trinkwasser testet.

385. Der Senator aus Washington, Warren Magnuson, der das Gesetz über sicheres Trinkwasser einführte.

386. John Snow, Pionier für sicheres Wasser, Entdecker der Choleraübertragung im London des 19. Jahrhunderts.

387-390. Die Leute von Hach, Hersteller von Wassertestgeräten, Pat Lawrence, Kevin Klau, Fern Kidder und Clifford Hach.

391-392. Thermmax, Hersteller von feuchtigkeitsgeregelten Räumen für Wassertests, darunter Jack Halloran und Kevin Murray.

393. Waldo Semon, Erfinder von PVC, aus dem Wasserrohre hergestellt werden.

394-396. Mitarbeiter von Georgia-Pacific, das Papierhandtücher für das Reservoir-Labor herstellt, auch die von Joe Coffee selbst, darunter Phil Garrison, Nick Selissen und Cathy Robertson.

397-398. Erbauer des Tunnels Nr. 3, jenes Tunnels, der Wasser nach New York City leitet, einschließlich Martin Hauptman und John Gluszak.

399-401. Cintas Erste-Hilfe-Sets zur Sicherheit der Stahlarbeiter, darunter Elizabeth Quinn, Nicholas Siljee und Robert Dale Ledbetter.

402. Dr. Harvey W. Wiley, einer der Verfasser des Pure Food and Drug Act.

403. Präsident Theodore Roosevelt, der das Gesetz über die Reinhaltung von Lebensmitteln und Arzneimitteln unterzeichnet und verabschiedet hat.

404-407. Forscher, die zeigen, dass Kaffee gesundheitliche Vorteile hat, wie etwa die Verzögerung der Demenz, darunter Neal Freedman, Francesco Panza, Harris Lieberman und Charles Reed.

408-410. Gorman-Rupp, Hersteller von Abwasser- und Wasserpumpen, darunter Tim Cline, Larry Madeker und Todd Wise.

411. Alexander Cruikshank Houston entwickelte Chlor, das in Wasser verwendet wird, um Typhus zu verhindern.

412-415. Die US-Zoll- und Importspezialisten Angela Vitale, Marie Andujar, Catherine Giarraputo-Saluccio und Steven Welch vom US-Zoll- und Grenzschutz.

416. Amanda Tripple, Hundetrainerin für Landwirtschaft beim US-Zoll- und Grenzschutz.

417-418. New Yorks Beamte, welche die Bauzonen von Joe Coffee überwachen, darunter Helen Rosenthal und Gale Brewer.

419-421. Corinne Schiff, stellvertretende Kommissarin des New Yorker Ministeriums für Gesundheit und psychische Hygiene, sowie andere im Gesundheitsamt, darunter Seth Guthartz, Mary Bassett und Emiko Otsubo.

422-426. Die Arbeitsschutzbehörde, welche die Sicherheit der Mitarbeiter von Joe Coffee überwacht, darunter Michael Yarnell, Cindy Piest, Laura Kenny, Jose Caraballo und Rick Gray.

427-429. Es gibt viele Leute, die dazu beitragen, dass die Betriebe von Joe Coffee hygienisch geführt werden, einschließlich der Mitarbeiter von Mrs. Meyers Handseife, mit der Joe Coffee Shop die Hände der Baristas sauber hält, darunter Pam Helms, Thelma Meyer und Katie Anderson.

430-433. Die Leute bei Mr. LongArm, dem Mopp, mit dessen Hilfe Joe Coffee saubergehalten wird, darunter Melodie Wendleton, Jessica Johnson, Brenda Adkins und R. D. Newman.

434-436. Die Mitarbeiter des Departements für Hygiene der Stadt New York, die den Müll von Joe Coffee entsorgen, darunter Daniel Allende, Belinda Edwards und Cornell Kelly.

437-440. Mitarbeiter von North Shore Linen, die für das Waschen der Schürzen der Joe Coffee-Baristas verantwortlich sind: Gary Brooks, Larry Gentile, Nicholas Tsiokos und Heydi Herrera.

441-444. Reinigungsprodukte für Urnex-Kaffeegeräte, darunter Jamil Al Asri, Ed Saar, Maarten van der Loop und Andrea Eigel.

445-448. Hersteller von Reinigungsflüssigkeit der siebten Generation, die zur Desinfektion von Joe Coffee verwendet wird, darunter Lara Petersen, Jerica Young, Martin Wolf und Matt Bertonica.

449-452. Bar Keepers Friend, Glanzmittel bei Joe Coffee, Nidia Rios, Genni Russell, Matthew Selig und Kenneth Newton Walker.

453-455. Arbeiter, die Fab-Waschmittel herstellen und vermarkten, mit denen die Kaffeebecher im kolumbianischen Verarbeitungswerk gereinigt werden, darunter Madeline Szul, Matthew Leung und Matthew Kronengold.

456-462. Glad Müllsäcke, darunter die Mitarbeiter Cecilia Melby, Matthew Bull, Michael Costello und Khorshid Rahmaninejad. Daneben auch die Müllsackpioniere Larry Hansen, Harry Wasylyk und Frank Plomp.

463-466. Die Mitarbeiter von Kness Manufacturing, die bei Joe Coffee die Ketch-All-Mausefalle herstellen, darunter Scott Vestal, Jessica Montegna-Terry, Misty Little und Jonathan Beltz.

467-468. Carefree Janitorial Supply, einschließlich Joe Roussel und Mark Braswell.

469-472. Antimikrobielle Agion-Stahlbeschichtung für das Spülbecken, einschließlich Jason Fuller, Danielle Bales, Craig Tuttle und Will Johnson.

473-478. Mitarbeiter im Kaffeelager von Continental Terminals, darunter Jackie Massamillo, Andy Turkowitz, Jessica Garcia, Raymond Hutchinson, Bob Forcillo und Dan Marsling.

479-481. Isolierte Zwischenwände für Lagerhäuser von Randall Manufacturing, darunter Anna Prokopowicz, Michael Galati und Jian Jiang.

482-483. Parkway Pest Services, zuständig für die Schädlingsbekämpfung im Lager, einschließlich Peter Scala und Shoshanah Howell.

484-488. Hughes Enterprises, Hersteller von Palettenbändern, darunter Amy Packer, Neal Magaziner, Stan Auerbach, Vanessa Linder und Cynthia Kolczynski.

489-490. Erfinder der Holzpalette, William House und George Raymond.

491-493. Decker Tape Product, das Klebeband für Kartons und Versand herstellt, einschließlich Noreen Smith, Tim Rolfes und Jack Decker.

494-496. Es gibt Unmengen von Leuten, die meinen Kaffee transportieren, darunter die Mitarbeiter von Accurate Logistics Kenny Monaco, Maria Del Vais und Trucker Miguel Rosas.

497-501. Freightliner Truck-Hersteller, darunter Leland James, Jason Wright, David Carson, Kelly Gedert und James Sheridan.

502-504. Hersteller von Swig Savvy-Wasserflaschen, die von Truckern verwendet werden, die Joe Coffee transportieren, darunter Yan Izrailov, Grant Gilbert und Bob Gilbert.

505-508. Magna stellt Ventile für PKW und LKW her, dabei Eddie Snipes, Nicolas Shaya, John Ralston und Malika Patricia Hunt.

509-511. Delphi stellt Teile zur Senkung des Verbrauchs und der Emissionen von Trucks und Autos her, darunter Aravindhan Ramesh, Rajesh Pokala und Shradha Sharma.

512-514. Husco International stellt Teile für PKW und LKW her, darunter Winny Chanthalalay, Todd Murray und Benjamin Beyer.

515-517. Inalfa Roof Systems stellt Dächer für PKW und LKW

her, darunter umfasst Rick Braun, Jorge Olivera und Karen Ramos.

518-520. Die IAC Group stellt Verkleidungen und Formteile für PKW und LKW, darunter John Rose, Herman Alston und Jubal Feazell.

521-523. Kautex Textron stellt Kraftstofftanks für PKW und LKW her, darunter Janeth Valdez, Alexander Bronk und Nicolle Anderson.

524-527. Kiekert stellt Türschlösser für PKW und LKW her, darunter Mark Smith, Ujwal Velagapudi, Hector Verde und Mark Krzesak.

528-531. Lear Corporation stellt Typenschilder für PKW und LKW her, darunter Carlos Monzon, Barbara Boroughf, Krystal Brown und Osvaldo Sanchez.

532-535. Linamar Corporation stellt Achsen für PKW und LKW her, darunter Hoang Huynh, Matthew Lajcak, Tre Ledbetter und Nicole Grein.

536-539. Goodyear-Mitarbeiter stellen Reifen für LKW her, darunter Jon Bellissimo, Sidney Richardson, Frank Seiberling und Lucius Miles.

540. Charles Goodyear, Erfinder des vulkanisierten Kautschuks, der in Reifen verwendet wird für Lastwagen, die den Kaffee transportieren.

541. Robert William Thompson, schottischer Ingenieur, der den luftgefüllten Reifen zum ersten Mal patentieren ließ.

542. Senator Al Gore Sr. half bei der Verabschiedung des Federal-Highway Act von 1956, der nationale Autobahnen schuf.

543-546. Mitarbeiter bei Morgan, welche die Karosserien für Trucks herstellen, die für den Transport von Kaffeesäcke verwendet werden, Elton Mountz, Corby Stover, Ryan Shirk und Frank Maldonado.

547-549. Mitarbeiter von Adient, die Sitze für Autos und Lastwagen herstellen, darunter Lewis Murphy Schiavon, Venkat Chenna und Raul Pinillos.

550-552. Axalta, Hersteller von Lackierungen für Autos, Victor D'Ascenzo, Arun Surendranath und Gaurang Bhargava.

553-555. Detroit Thermal Systems, das Klimaanlagen von Autos und Lastwagen herstellt, darunter Donald Dahl, Ali Farhat und James Ezuruonye.

556-558. Dicastal North America, Hersteller von Rädern aus Aluminium, darunter Yuqian Wang, Xingye Dai und Steve Eichbauer.

559-561. Die Mitarbeiter von Autoliv, das Sicherheitsteile für PKW und LKW herstellt, darunter Chaimae Najime, Brendan Fonte und Aaron Schaal.

562-566. Mann+Hummel, Hersteller von Luftfiltern für Autos, darunter Samuel Kline, Jim Screnci, Allayne Washington, Tara Grisolia und Justin Oldani.

567-571. Martinrea, Hersteller von Kraftstoff- und Bremsleitungen, darunter Dylan Bing, Lance Conyne, Sean Peterson, Tyangela Crawford und Rushabh Patel.

572-574. AGC Asahi Glass, das Glasteile für Autos und Lastwagen herstellt, darunter Yuji Yamamoto, Masahide Yodogawa und Fernando Garcia.

575-577. Federal-Mogul Motorparts, Hersteller von Scheibenwischern, Joe Dunn, Anthony Serrecchia und Dan Mirocco.

578-580. Flex-N-Gate, Scheinwerferlieferant, darunter Mark Griswold, Brent Langley und Ryan MacDonald.

581-583. Akebono, Hersteller von Geräusch- und Vibrationsdämpfern für Bremsen in Autos, darunter Sai Chand, Maria Page und Mykhaylo «Mike» Kovalenko.

584-586. Automotive Lighting Company für PKW und LKW, darunter Deepak Sahu, Stacie Covey und Eduardo Escalera.

587-591. NEAPCO stellt Antriebswellen für Trucks her, darunter Bill Podbutzky, Keith Rissell, Paul Roman, Marie Kauffman und Don Mitchell.

592-596. Nemak, das Zylinderköpfe liefert, darunter Jon Garcia, Dickey Randy, Yates Daniel, Rick Hardin und Lomas Alejandro.

597-601. Nexteer Automotive, Lenkungstechnik, darunter Tim Kaufmann, Paula Lin, Kevin Weber, Jim Czolgosz und Miguel Moreno.

602-606. Die Rheinmetall Group stellt Emissionstechnologie für LKW und PKW her, darunter Ganesh Subramanian, Ron Waltemate, Olaf Tews, Vikrant Rayate und Mika Nuotio.

607-611. Mubea, das Federungssysteme herstellt, darunter Giorgio Fiore, Patricia Rodriguez, John Davidson, Andrew Andersen und Ramkumar Annadurai.

612-637. Die 26 Arbeiter, die beim Bau der Brooklyn Bridge starben, entweder durch Ertrinken, einstürzende Materialien und so weiter, darunter Charles Young, John French, Thomas Talbot, John Deneys, Patrick McKay, John Meyers, Daniel Reardon, John Enright, Cornelius McLaughlin, Lourtz Hensen, Peter Koop, William Reid, John Elliott, William Cambridge, Neil Mullen, Henry Supple, Thomas Blake, Michael Noone, Patrick Murphy, Thomas Martin, Michael Collins, William Delaney EF Farrington, Arthur Abbott, William Van der Bosch und Harry Supple. Die Brücke wird von Trucks genutzt, um Kaffee zu liefern.

638-639. New Yorker Verkehrsministerium, zuständig für Autobahnen und Straßen, darunter Polly Trottenberg und Bob Collyer.

640. New York State Bridge Authority, zuständig für Brücken, einschließlich Richard Gerentine.

641-643. Mitarbeiter von Asphalt Drum Mixers, darunter Brandon Cox, Braxton Powers und Carlos Cardenas.

644-646. Astec Industries, Hersteller von Maschinen für den Straßenbau, darunter Wes Berg, Quinn Gable und Hoyt Grimes.

647-649. Eisenwerk Brühl, Hersteller von Zylinderblöcken für den Straßenbau, darunter Timm Ziehm, Wilm Papke und Kevin Caldwell.

650-652. Bomag, Hersteller von Walzen, die Asphalt verdichten, darunter Jim Head, Christopher Fannin und Tom Scalla.

653. Kenneth Ingalls Sawyer, Entwickler der Mittellinie auf Autobahnen für Verkehrssicherheit.

654-655. Pioniere der Verwendung von Pflaster und Zement auf Autobahnen, darunter George Bartholomew und Joseph Aspdin.

656-660. Zimmerman Paint Contractors malen die Sicherheitsstreifen auf Autobahnen, darunter Brandon Wilier, Bill Sheets, Jack Zimmerman, Lorraine Zimmerman und Liz Peck.

661-663. Foreverlamp, Designer von Lampen für Autobahnen, darunter Lavina Correia, Ray Hsu und Nisen Zhang.

664-665. Anpeng Wire Mesh Filter Co., Ausrüstung zur Asphaltherstellung, einschließlich Sunny Wu und Rosa Cao.

666-669. Sylvania-Glühbirnen, die in Verkehrssignalen verwendet werden, darunter Jocelyn Wensel, Jonathan Hoffman, Michael Anderson und Daryl Kanatzar.

670-674. Tenneco stellt Ventile für Trucks her, darunter Kim Blalock, Ryan Roeber, Jay Larouche, Kim Yapchai und Fei Fei Metzler.

675. John Jurgeleit vom Maspeth Central Shop, wo die Straßenschilder von New York City hergestellt werden.

676-678. Kespry-Software für den Straßenbau, darunter Brian Isbell, Jim Allison und Jason Nichols.

679-681. Eagle Crusher Company, Hersteller von mobilen Fräsen für Straßen und Asphalt, einschließlich Troy Meadows, Tim Ursich und Robyn Beal.

682-684. Mitarbeiter von Quality Pavement Repair, darunter Cindy Richard, Shaina DeStefano und Emmanuel Contreras.

685-687. Sakai, Hersteller von Walzen, um Straßen zu ebnen, darunter Mike Mercer, Jamie Holbert und Kendall Phillips.

688-711. Der Transport meines Kaffees erfordert eine große Anzahl von Mitarbeiter, einschließlich der Mitarbeiter von Hongkong Express, die den Kaffee zum Hafen bringt, darunter Offiziere, Elektriker, Köche und Ingenieure wie Ariel Agalla, John Ryan Consad, Generoso Caneja und Angelito Segundino. Cesar Escobal, Maurice Bajo, Christoph Heers, Gunter Naborowski, Ansgar Lehmkoster, Danilo Napoto, Pawel Sobolewski, Aivan Delgado, John Aumüller, Lasse Gawande, Uriel Lumanog, Juan Carlos Nirza, Jay Vee Cruz, Mac Lawrence Dadivas, Remar Locsin, Genadij Dubrow, Gabriel Yana, Rheinell Nolasco, Michael Nierra und Yonger Chaux.

712. Robert Watson-Watt, Entwickler des ersten praktischen Radarsystems für Schiffe.

713-715. Maersk Reederei, darunter Brionna Sanders, An Lam und Kalliopi Pahountis.

716-718. Øglænd System, Hersteller von Schiffsleitern, darunter Martine Malde, Louis LeBourgeois und Kai-Lee Chang.

719-721. Eupec beschichtet Rohre auf Schiffen, die Kaffee transportieren, darunter Nicolas Hersent, Bruno Brément und Nathalie Verove.

722. Scarecrow bio-acoustic systems, Hersteller von Vogelscheuchen, die Vögel auf offener See vertreiben, Katie Wells.

723-725. Pharos Marine Automatic Power, Inc., Hersteller von Radarbaken für Schiffe, darunter Rene «Boogie» LeBlanc, Tom Lamb und Beau O'Quin.

726-728. COMP-Air Service, Hersteller von Luftkompressoren für Schiffsmotoren, darunter Tony Montalto, Mario Bardelas und Miguel Angel Cardenas.

729-731. DNV-GL, die Sicherheitsüberprüfungen auf Schiffen durchführen, die den Kaffee transportieren, darunter Luis D'Angelo, Joseph Lopes und Sander Wielemaker.

732-734. Maze Nails stellt Nägel für den Bau von Häfen her, Len Kasperski, Chadd Kreofsky und Roelif Loveland.

735-736. Jorm Springer und Henri Scheer, beim Wetterdienst, der auch für Kaffeeschiffe verwendet wird.

737-739. Hemisphere, Anbieter von Satellitennavigationsgeräten, darunter Max DeForest, David Maurer und Michael Troidl.

740-742. GPS-Erfinder wie Ivan Getting, Bradford Parkinson und Roger Easton.

743-744. Erfinder des Schiffscontainers Malcom McLean. Und James Brindley des hölzernen Vorläufers.

745-746. Mitarbeiter von Daewoo Shipbuilding & Marine Engineering, darunter Yu Chang Lim und Seung Jae Hong.

747-749. Real Safety Anti-Rutsch-Aufkleber für den Versand, darunter Iman Aref, Lise Lath Nielsen und Mahammad Hossein Forouzbakhsh.

750-752. Florens Container Leasing, darunter Peter Su, Winnie Siu und Li Guomei.

753-755. Ports America, die Firma, die den Hafen betreibt, in welchem der Kaffee ankommt, darunter Eric Soler, Stephen Kovacs und Katja Loughman.

756-758. Die Hafenbehörden von New York und New Jersey, welche die New Yorker Häfen überwacht, darunter Kevin O'Toole, D. Austin Futch und Mervin Horst.

759-761. Terex, Hersteller von Maschinen zum Transport von Containern, Brian Hurley, Tony Rust und Stephen Johnston.

762-767. Der Kaffee wird aus Kolumbien in Schiffen transportiert, aber ein Großteil des Geschäfts wird als Luftfracht erledigt. Einschließlich Avianca, der kolumbianischen Fluggesellschaft, welche den Kaffeeeinkäufer Ed Kaufmann auf seinem Weg zur Farm transportiert, darunter Piloten, Flugbegleiter und Ticketverkäufer wie Alejandra Valentin, Octavio Sandoval, Maiky Alexandra Joya-Kuffer, Diego Garrido Morales, Paola Guzman und Andres Osorio.

768-769. Flugzeughersteller Airbus, der die Flugzeuge herstellt, die Ed Kaufmann nach Kolumbien bringen, darunter Thomas Enders und Franz Josef Strauss.

770-773. Mitarbeiter des Flughafens El Dorado in Bogota, Kolumbien, darunter Susana Vargas Herran, Alina Sepulveda, Ricardo Naranjo und Angela Paola Fonseca Uribe.

774-781. Caravela Coffee, die Importeure für Joe Coffee, die sich mit Zoll und Logistik befassen, darunter Badi Bradley, Anthony Auger, Christy Wicker, Matt Kolb, James Gibbs, Daniel Bolivar, Lorena Falla und Alejandro Cadena.

782-786. Es gibt viele weitere Transportmittel, einschließlich der Subway, die Barista Chung zu Joe Coffee brachten. Vielen Dank an die Metropolitan Transit Authority, darunter Judith Charles, Joy Moy, James Heckstall, Cecilia Brown und Jody Johnson.

787-791. Amadeus Rail IT Systems stellt Software für Untergrundbahnen her, darunter Franck Vandenbroucke, Ilia Rostov, Baldrian Roche, Florian Maupas und Roy Goldschmitt.

792-795. Kawasaki Heavy Industries, Hersteller der New Yorker Subwaywagen, darunter Sheena Angra, Dave Cadamuro, Patrick Petroff und Tex Sanada.

796-799. Handwerker, die den Werkzeugkasten herstellen, mit dem Subwaywagen produziert werden, Ian Buxton, Jamie Danskin, Julie Wright und Jamie Matthews.

800-803. Macton Corporation stellt Drehscheiben für Untergrundbahnen her, darunter Timothy Brenes, Ryan Knapp, Andy Barry und Tom Taylor.

804-805. Massimo Vignelli und Bob Noorda, welche die farbcodierten Linienplan der New Yorker Subway entworfen haben.

806-809. Die Leute bei Bianchi USA, die das Fahrrad herstellen, mit dem Ed Kaufmann zu Joe Coffee fährt, um meinen Kaffee zu verkosten, darunter Will Mahler, Erin Kocab, William Potter und Juan Ortiz.

810-811. Die Tagespreise für Kaffeebohnen im Grosshandel werden auf eine Wandtafel notiert. Vielen Dank an Albert Stallion und Jerry Woolf für die Erfindung des Whiteboards und des löschbaren Markers.

Die Rohstofflieferanten

812-814. Hersteller von Bullard-Schutzhelmen, die im Bergbau eingesetzt werden, Wells Bullard, Matthew King und Josh Haldeman.

815. Immanuel Nobel, Erfinder des Werkzeugs zur Herstellung von Sperrholz für Fußböden und Dächer.

816-818. Royal 4 Systems, Hersteller von Förderbandsoftware, darunter Isaac Lichtenfeld, Tighe Reardon und Kim Gregory Emond.

819-821. Bulldog Battery Corporation, Hersteller von Industriebatterien, darunter Al Rutledge, Walter Benjamin und Randy Duly.

822-824. Cat, Hersteller von Gabelstaplern, dort Hoa Tran, Gregory Foster und Anghelov Medina.

825-828. National Grid, Gasversorger für das Unternehmen, das die Wäsche von Joe Coffee reinigt, darunter Dean Seavers, Huascar Ozoria, William Waters und Darryl Miller.

829-831. Con Edison, Stromversorger von Joe Coffee, darunter Craig Mayer, Brian Manzino und George Loria.

832-834. Watson Adventures, das Teambildung-Events für Con Ed durchführt und für weitere Firmen, darunter Bret Watson, Stacy King und Rachel Duncan. (Okay, ich weiß, dass dies eine weitere Strecke ist als einige andere, aber es ist die Firma meiner Frau und ich konnte nicht widerstehen, sie hier aufzuführen.)

835-839. Matheson liefert das Argongas für Glühbirnen, darunter John Bigham, Mike Babyak, Junko Lindberg, Scott Duff und Kapil Gupta.

840-842. Hersteller von Bergbaumaschinen Ray Szwec, Paul Borbely und Andy Jackson.

843-845. Cleveland-Cliffs, Bergleute, die Eisenerz liefern, das zu Stahl für Kaffeemaschinen verarbeitet wurde, darunter Patrick Bloom, Daniel Bilewicz und Steve Pause.

846. Archie Coburn, Bundesinspektor für Minensicherheit.

847-849. Aqua Power stellt Batterien für den Bergbau her, Leila Elhansali, Bala Chandran und Odd Arild Hovland.

850-852. Carmeuse Lime and Stone liefert Kalk für die Stahlverarbeitung, darunter Christopher Seabolt, Levi Weathermon und Keith Acker.

853-855. Mitarbeiter von Conn-Weld Industries, die Bildschirme für den Bergbau herstellen, darunter Marvin Woodie, Anthony Fink und William Jones.

856-860. Die Mitarbeiter von ArcelorMittal, Hersteller von Stahl, der in Trucks zum Transport von Kaffee- und Küchengeräten verwendet wird, darunter Michael Velez, Tracey Lester, Nicholas West, Jolice Pojeta und Dena Adams.

861-863. American Engineering Testing, Hersteller von Prüfgeräte für Stahl, darunter Art Johnson, John Haupt und Roger Hodson.

864-866. Berry Metal Company, die Teile für Stahlöfen verkauft, darunter Bob Barthelemy, Andrea Davis und Edward Green.

867-869. ASKO, das Messer zum Schneiden von Stahl herstellt, darunter Amy Mallinger, Michael Simko und David Robertson.

870-872. Alter Trading, Metallrecycling, darunter Robert Husske, Dan Berman und Ricky McGee.

873-875. Allgaier Process Technology, für Maschinen zur Reinigung von Industrieteilen, darunter Michelle Bennett, Monica Bonner und Mark London.

876-877. Primekss, Betonböden für Fabriken, darunter Baiba Griezena und Janis Kamars.

878-881. Hewlett-Packard, Hersteller von Druckern, die in der Stahlfabrik zum Einsatz kommen, darunter Cynthia «Cider» Lyon, Timothy Harms, Kejda Herzog und Kara Sakuda.

882-884. A. W. Kuettel and Sons, Hersteller von Dächern für Stahlwerke, Scott Privette, Jesse Smalley und Ryan Mackey.

885-887. Harsco Metals and Minerals, das Additive für die Stahlherstellung bereitstellen, darunter Joe Burkey, Bryan Turner und Fred Schinke.

888-890. Die Leute bei Pregis, die Luftpolster für den Versand von Kaffeegeräten herstellen, darunter Michael Jakubowski, Michael Briestansky und Trent Elder.

891-893. CombineNet, Software für Lieferketten, darunter Dean Arnold, Miles Krivoshia und Jack Martin.

894-896. John Deere, der Traktorausrüstung für das Stahlwerk herstellt, Tom Swanson, Jenna Scheider und Kaylee Vieira.

897-903. Holzproduzenten, darunter Albert und Wynette Shaw, Harry Hanna, Joe Hanna, Lee Youngblood, Nelson Vinson und Terry Vinson.

904-908. Husqvarna, Hersteller von Kettensägen, darunter Darrell Engle, Jamie Krueger, Quantre Oglesby, Brian Bollinger und Bobby Miller.

909-910. Hersteller der Walkie-Talkies, die in mehreren Fabriken und beim Stausee zur Wasserversorgung verwendet werden, darunter Soumee Datta Roy und Sara Abadi bei Motorola.

Die Bauern

911-918. Landwirte, welche die Kaffeebohnen anbauen, Wilson, Wilmer, Yimi, Alexis, Jose, Javier, Neir und Yabed Guarnizo.

919-922. Rainforest Alliance, welche dem Guarnizo-Kaffee die Umweltzertifizierung erteilen, darunter Matthew Synder, Donita Dooley, Kiku Loomis und Sabrina Vigilante.

923-924. Fritz Haber und Carl Bosch, Miterfinder des Prozesses zur Stickstoff-Anreicherung, was eine moderne Landwirtschaft überhaupt möglich macht.

925-926. Wirtschaftswissenschaftler und weitere Personen, die an der Schaffung der Fairtrade-Zertifizierung mitgewirkt haben, Nico Roozen und Frans van der Hoff.

927-930. Cathie Aime, Steve Savage, John Vandermeer und Jaime Castillo Zapata: Wissenschaftler, die an verschiedenen Universitäten lehren, wie man gegen Kaffeerost-Krankheit vorgeht.

931-933. Carrie Silver, Eric Eldridge und Allison Schilling von MDA Weather Systems, die von Landwirten für die Wetterprognosen verwendet werden.

934. Hernando Duque bei Fedecafe, dem kolumbianischen Kaffeeverband, welcher Landwirte unterstützt.

935-938. Coffee Quality Institute, eine gemeinnützige Forschungsstelle, die kleine Kaffeefarmen in Kolumbien und anderswo unterstützt, darunter John Moore, Chris Hallien, Kimberly Easson und Douglas Carpenter.

939. Pater Francisco Romero, ein kolumbianischer Priester des 19. Jahrhunderts, der seinen Schäfchen das Pflanzen von Kaffeebäumen als Buße für gebeichtete Sünden vorschrieb, wodurch er die kolumbianische Kaffeeindustrie begründete.

940-942. Pinhalense, Hersteller der Maschine zur Entpulpung von Kaffeefrüchten, darunter Fabio Raimundo, Elizio Perini Cuzzuol und Diego Ribeiro.

943-945. Plasticos Rimax, ein kolumbianisches Unternehmen, das Kaffeebehälter herstellt, darunter Daniel Martinez Ferro, Luis Barajas und Lorena Salas.

946-948. Gehaka, Hersteller von PH-Messgeräten für kolumbianische Kaffeepflanzen, darunter Priscila Cursino Robayo, Fernando Engelbrecht und Christian Kaufmann.

949-951. Internationale Kaffeeorganisation ICO, eine zwischenstaatliche Organisation, die Regierungen aus Import- und Exportnationen verbindet, darunter Christoph Sanger, Denis Seudieu und Gerardo Patacconi.

952-955. Die Mitarbeiter der Bühler Group, welche die in Kolumbien zum Sortieren von Kaffeebohnen verwendeten

Geräte herstellt, darunter Lisa Wasserman, Jaimie Larson, Brian Lieske und Derek Miller.

Und ich habe mich bei vielen Menschen zu bedanken, die mich bei einer Arbeit unterstützen, welche mich Tag für Tag mit dem nötigen Kleingeld versorgt, um meine Tasse Kaffee zu bezahlen.

956-965. Mehrere Personen haben das Manuskript zu diesem Buch gelesen und mir hervorragende Rückmeldungen gegeben, darunter Peter Griffin, Lynette Vanderwarker, Shannon Barr, Kristen Lasky, Beryl Jacobs, Willy Ramos, Douglas Stanley, Cole Kelly, Kevin Roose und Candice Braun.

966-982. Bei Simon & Schuster, dem Verlag meiner Bücher, gilt es vielen zu danken, darunter Jon Karp, Ben Loehnen, Amar Deol, Dana Tracker, Carolyn Reidy, Richard Rohrer, Marie Florio, Jeff Wilson, Alison Fomer und Lisa Erwin, Michael Noble, Tiffany Frarey, Lauren Pires, Lisa Healy, Mara Lurie, Sybil Pincus und Sherry Wasserman.

983-988. Ich möchte meine Mentoren würdigen, die in meiner beruflichen Laufbahn für die grossen Durchbrüche sorgten, darunter Rob Weisbach (mein erster Redakteur), Steve Lipson (stellte mich bei der Zeitung Antioch Daily Ledger ein), Peter Kaplan, Maggie Murphy, Don Lemon und David Granger.

989-1013. Die Mitarbeiter von TED, welches dieses Buch gemeinsam mit dem Verlag veröffentlicht haben und den entsprechenden TED-Vortrag vorbereiteten, einschließlich meiner Herausgeberin Michelle Quint, Alejandra Vasquez, Alex Hofmann, Mike Femia, Sacha Vega, Crawford Hunt, Cloe Shasha, Corey Hajim, Alex Moura, David Biello, Chee Pearlman, Helen Walters, Lorena Aviles, Tim Aumiller, Sioban Massiah, Sierra Paller, Briar Goldberg, Francisco Diez, Dana Viltz, Laurie House, Andrew Davis und Stephen Robbins. Und die Leute bei MGMT Design, darunter Sarah Gephart, Ian Keliher und Alicia Cheng.

1014. Und danke an meine Mutter. Jeden Morgen senden meine Mutter und ich uns gegenseitig eine E-Mail zu mit einer Liste, mit Dingen, für die wir dankbar sind. Das reicht von einem

Paar bequemer Handschuhen bis zur Gesundheit von Mutters Enkelkindern. Ich finde es enorm hilfreich. Also zusätzlich zu meiner Geburt, danke Mama, dass du dieses Ritual mit mir durchführst.

1015. Der Psychologe Scott Barry Kaufman wollte sicherstellen, dass er Robert Emmons gutschrieb, der eine Menge Dankbarkeitsforschung betrieben hatte, die Kaufmans Einsichten unterstützte.

1016-1019. Auch einige Mitarbeiter von LinkedIn, die uns dabei unterstützt haben, Leute aufzuspüren, die eine Rolle Rolle spielen beim Zustandekommen meines Kaffees, darunter Konstantin Guericke, Jean-Luc Vaillant, Allen Blue und Eric Ly.

1020-1022. Wir haben meine Danksagungen in Google Sheets gelistet, also danke an die Entwickler Sam Schillace, Steve Newman und Claudia Carpenter.

1023. Besonderer Dank an Riki Markowitz, der unermüdlichen Forscherin, die mir dabei geholfen hat, diese Liste zusammenzustellen.

1024-1027. Auch Rikis Familie Mike Jimmy Markowitz, Marcel Markowitz, Ellie Carmella Markowitz und Bruno, welche diese Liste aufrechthielten, als wir erst bei 823 Namen waren und nicht dachten, dass wir noch einen einzigen dazubekommen würden.

1028-1031. Vier Gründe, warum ich morgens aufstehe, um meinen Kaffee zu trinken: meine Söhne Jasper, Zane und Lucas und meine Frau Julie.